裁判例・裁決事例に学ぶ

消費税の判定誤りと実務対応

税理士　**安部和彦**［著］

清文社

はじめに

　本書は、消費税実務で判断を誤りやすい項目について、実際の裁判例や裁決事例等を題材に、消費税制度の趣旨や意義を正確に理解することで、実務担当者が的確に判断するための基礎を提供することを目的に書かれたものである。

　消費税法は他の税法と比較すると、形式要件を非常に重視する傾向にあり、その要件を満たしていない場合には、その後に気づいて修正しようとしても、「やむを得ない理由」等によって救済されることなく門前払いされるのが通例である。

　これは、欧州型の付加価値税と異なり、わが国の消費税は仕入税額控除に関し、その導入以来、インボイスがなくとも控除できる「帳簿方式」を採用したため、控除税額が過大となりいわゆる「益税」が膨らむことが懸念されたため、一種の「歯止め」のための制度設計ではなかったかと考えられるところである。

　このような制度を採用した結果、消費税は過去において常に「税理士損害賠償請求事例」の上位にある税目となっており、実務家の頭を悩ませ続けている。

　令和5（2023）年からはわが国の消費税法においてもインボイスが導入されるが、それにより状況がよくなるかといえばそうではなく、むしろ仕入税額控除に関する「門前払い」の事案が増加し、さらに状況が悪化することさえ懸念されるところである。しかも、近年、消費税の租税回避事案が増加しており、それに対応するため税法も複雑化していることから、「判定誤り」も増加しかねないところである。

　それでは、消費税実務において「判定誤り」を防止するにはどうしたらよいのであろうか。

　この点に関しては、既にいくつかの類書が出ているが、いずれも事例に基づくマニュアル的な解説に終始しているようにみえる。

日々の業務が忙しい実務家であれば、そのような本に飛びつくのは、ある意味当然であろう。しかし、それでは、過去に誰かが犯した「典型的な」誤りについては防止することはある程度可能であろうが、それに記載されていない事例については見逃してしまい、結果として新たな「判定誤り」の事例を生み出すことになりそうである。

　消費税の「判定誤り」を防止するためには、たとえ回り道であっても、制度を深く正確に理解することしか、ほかに方法はないのではないだろうか。

　われわれ実務家が、消費税制度をより深く正確に理解するには、どうしたらよいのであろうか。

　これについては、法律学習の王道である、裁判例や裁決事例等をコツコツと読み解くのが最も効果的と考える次第である。そこで、本書を読むことで、取り上げられた裁判例や裁決事例といった「限界事例」にあたり、法解釈の専門家の思考方法や過程をたどることで、実務家が消費税法の理解を深め、自信をもって適用の有無を判定することができるようになればと願っているところである。

　なお、本書は、消費税導入以来蓄積された裁判例及び裁決事例につき、最新のものまで重要なものはほぼ網羅していることから、消費税に関する法解釈を学習する上でもよい教材になっているものと考えるところである。

　最後に、本書の発刊に対して多大なご尽力をいただいた、清文社の藤本優子氏、矢島祐治氏に厚く御礼を申し上げたい。

　令和2年4月

国際医療福祉大学大学院准教授

税理士　安 部 和 彦

Contents | 目次

第2章 課税標準及び課税区分の判定誤り

1 消費税の課税標準……46

2 消費税の課税期間……48

第3章 仕入税額控除に関する判定誤り

1 仕入税額控除の意義……126

2 帳簿方式による仕入税額控除……128

3 インボイスによる仕入税額控除……136

4 ケーススタディ ……144

Case 3-1 **仕入税額控除に係る帳簿書類の要件**　144

Case 3-2 **帳簿書類等の保存の意義**　152

第4章 申告・納付関係の判定誤り

※　本書の内容は、令和2（2020）年4月1日現在の法令等によっています。

【凡例】

消法	消費税法
平28改正法附則	消費税法等の一部を改正する法律（平成28年法律第15号）附則
消令	消費税法施行令
消規	消費税法施行規則
消基通	消費税法基本通達
法法	法人税法
所法	所得税法
所基通	所得税基本通達
措法	租税特別措置法
措令	租税特別措置法施行令
地法	地方税法
関法	関税法
関率法	関税定率法
通法	国税通則法
風営法	風俗営業等の規制及び業務の適正化等に関する法律

判タ	判例タイムズ
判時	判例時報
税資	税務訴訟資料
裁事	国税不服審判所 公表裁決事例集
民集	最高裁判所民事判例集
行集	行政事件裁判例集
訟月	訟務月報

〈条文略記の例〉

消法2①八　　　消費税法第2条第1項第8号

※　「新消法」「新消令」「新消規」は、令和2年4月1日時点で未施行の法律等を表しています。

第 **1** 章

納税義務の
判定誤り

1 消費税の基本的な仕組み

[1] 消費税の概要

　消費税は物品・サービスの販売・提供者である「事業者」の行う資産の譲渡や役務提供の対価を課税標準とし、これに税率（現行は国税7.8％及び地方税（地方消費税）2.2％の計10％の「標準税率」及び国税6.24％及び地方消費税1.76％の計8％の「軽減税率」の複数税率）を適用して税額を計算する租税である[1]。

　消費税は「内国消費税」という位置付けにあることから、国外取引は課税の対象外である。

　平成元（1989）年に導入されたわが国の消費税は、取引活動のあらゆる段階で課税する多段階一般消費税となっている。また、わが国の消費税は、欧州諸国で既に導入されていた付加価値税（VAT, Value Added Tax）に倣い、課税の累積を避けるため、前段階の業者から仕入れた物品・サービスにかかる前段階の仕入税額を控除し、ネットの付加価値に対して課税される仕組み（前段階税額控除型付加価値税）となっているのがその特徴といえる。

　また、わが国の消費税のその他の特徴として、納税者が納付する消費税額が、最終的に消費者に転嫁（ないし帰着）されることが予定されていることが挙げられる[2]。

　右ページの表のとおり、わが国の租税及び印紙収入に占める消費税（地方消

1　水野忠恒『大系租税法（第2版）』（中央経済社・2018年）910頁。
2　このように、物品・サービスの製造者や卸・小売業者を納税者とする消費税を「間接消費税」と呼ぶことがある。水野前掲注1書910頁参照。ただし、消費税法においては事業者の消費税額の転嫁の権利や義務は定められていない。実際、税率が上がったからといって、その分を丸ごと価格に反映させられるかどうかは、市場の状況や取引先との関係、個々の企業の価格戦略等の様々な要因に左右されることとなる。

○ わが国における国税及び地方税の内訳（令和元年度一般会計予算）

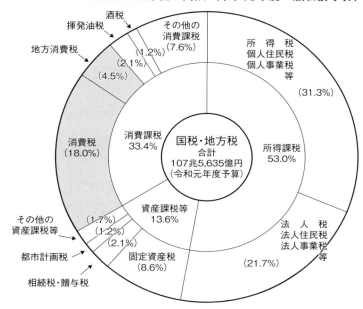

〈出典〉財務省ホームページ

費税を含む）の割合（年度半ばまで税率８％）は22.5％（24兆2,000億円余り）と、個人所得税収には及ばないものの法人税収（いずれも地方税分を含む）と匹敵する規模となっており、名実ともにわが国の基幹税としての地位を確立しているといえる。

［2］消費税の課税の仕組み

前段階税額控除型付加価値税である消費税の課税の仕組みを図で示すと、次ページのとおりとなる。

上記のような前段階税額控除型付加価値税に対し、アメリカやカナダ[3]で

3　カナダは連邦レベルでは付加価値税である GST（Goods and Services Tax）が導入されており、大部分の州では連邦税に準拠した付加価値税を課している。

○ 消費税の課税フロー（すべて標準税率10%で課税されているものとする）

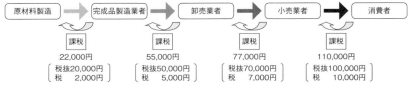

（注）　図中の「消費税」、「税」には地方消費税を含む。

〈出典〉財務省ホームページ

は、州や市レベルで、小売り段階においてのみ課税し前段階の仕入税額を控除しない方式（単段階一般消費税[4]）である「小売売上税」が採用されている。

　小売売上税の場合、前段階税額控除型付加価値税との比較において一般に、小売り段階が最終段階とは限らず税が累積することや、サービスに対する課税が困難であること（実際には小売り段階以外のサービスの提供のウエートが高いにもかかわらず、それに対する課税が困難であること）といった点が問題であるとされている。

［3］消費税の基本的な課税要件

　消費税法によれば、消費税は国内において事業者が行った資産の譲渡等に対

4　わが国における単段階の個別消費税としては、酒税、たばこ税、揮発油税、関税等がある。

して課されるものとされており（消法4①）、また、国内において事業者が行った「資産の譲渡等」については、事業として対価を得て行われる資産の譲渡及び貸付け並びに役務の提供をいうとされている（消法2①八）。

　ここから、消費税の基本的な課税要件は以下の3要素であるものと考えられる[5]。

① 事業性の有無

② 対価性の有無

③ 資産の譲渡及び貸付け並びに役務の提供該当性

　本書のテーマである「消費税実務における判定誤り」は、多くの場合、上記3要素の理解が不足しているため生じる現象であると考えられる。

　したがって、裁判例や裁決事例を通じて、どのような事項が過去に問題となり、どのような判断がされたのかについて学ぶことは極めて重要であると考えられる。

5　吉村典久「消費税の課税要件としての対価性についての一考察」金子宏編『租税法の発展』（有斐閣・2010年）396頁。

2 消費税の納税義務者

[1] 国内取引の場合

　消費税の納税義務者は、国内取引については課税資産の譲渡等を行った事業者である（消法5①）[6]。ここでいう事業者とは、個人及び法人双方を指し、また、国、地方公共団体、公共法人、公益法人及び人格のない社団等も含まれる（消法3、60）。

　個人事業者又は法人のいずれにも該当しない組合、匿名組合、信託等も、また、非居住者及び外国法人も、国内において課税資産の譲渡等を行う場合には、納税義務者となる[7]。ただし、その課税期間の基準期間[8]（個人事業者の場合は前々年、法人事業者の場合は前々事業年度、消法2①十四）における課税売上高が1,000万円以下の事業者は、課税事業者となることを選択した場合を除き、原則としてその課税期間は納税義務が免除される（免税事業者、消法9①）。

　なお、裁判において消費者が消費税の（単なる負担者ではなく）納税義務者となるかが争われた事案があるが、裁判所は、税制改革法第11条第1項において、消費者が納税義務者であることも事業者が消費者から徴収すべき税額も定

6　信託については別途規定があり、原則として信託の受益者が納税義務者となる（消法14①）。

7　金子宏『租税法（第二十三版）』（弘文堂・2019年）801頁。

8　免税事業者に該当するか否かの判定を基本的に2年前の基準期間に基づき行うのは、一般に、事業者が取引価格に消費税を反映させるのかを決定するのに、その事業者自身が課税期間の開始の際に消費税の納税義務者であるかどうかを認識している必要があるためと解されている。仮にこれを前年・前事業年度とすると、その決算が締まるのが期末から2か月程度経過してからとなるため、事業者が課税期間の開始の際に消費税の納税義務者であるかどうかを認識できるとは限らない、ということなのであろうが、コンピュータや会計ソフトを用いて経理処理を行う現代社会において、一律に当該基準により判定を行うのは、あまりに硬直的といえるのではないかとも考えられる。

められていないことを理由に、これを否定している（東京地裁平成2年3月26日判決・判時1344号115頁）。

[2] 輸入取引の場合

輸入取引における納税義務者は、課税貨物を保税地域から引き取る者である（消法5②）。輸入取引に関しては、免税事業者（次項参照）を含むすべての輸入者が納税義務者となる。

なぜなら、国産品の価格の中には消費税が含まれており、それとのバランスをとることが必要だからである。

[3] 免税事業者

消費税はその導入の際、小規模事業者（中でも農業従事者）の事務負担を軽減するため、基準期間の課税売上高が一定規模以下の事業者につき、国内取引にかかる納税義務を免除する制度を採り入れた（人的非課税）。これを免税事業者制度又は事業者免税点制度という。

消費税の導入当初、当該課税売上高は3,000万円と比較的高額であったが、いわゆる「益税」問題[9]への批判が高まったこともあり、平成15年度の税制改正により平成16年4月1日以降に開始する課税期間から1,000万円に引き下げられ、現在に至っている（消法9①）。

ここでいう「基準期間」とは、個人事業者についてはその課税年度の前々年度をいい、法人についてはその事業年度の前々事業年度[10]をいう（消法2①十

9　平成14年11月に発表された政府税制調査会の「平成15年度における税制改革についての答申―あるべき税制の構築に向けて」において、「消費者の支払った消費税相当額が国庫に入っていないのではないかとの疑念を呼び、これが消費税に対する国民の不信の大きな背景となっている。」と指摘されていた。なお、東京地裁平成2年3月26日判決・判時1344号115頁では、消費税の適正な転嫁を定めた税制改革法第11条第1項の趣旨から見て、事業者免税点制度は、免税事業者が消費者から消費税分を徴収しながらその全額を国庫に納めなくてもよいことを積極的に予定しているものではないことは明らかであるとして、便乗値上げが生じても、消費税法自体の意図するものではないと判示した。
10　前々事業年度が1年未満の場合、その事業年度開始の日の2年前の日の前日から同日以後1年を経過する日までの間に開始した各事業年度を合わせた期間が基準期間となる（消

四）。

　事業者が基準期間において免税事業者であった場合、課税売上高の計算の際
消費税相当額を含める（それだけ課税売上高が増加するため不利になる）ものと
されている（非控除説、最高裁平成17年2月1日判決・民集59巻2号245頁参照）。

○　**基準期間（法人の場合）**

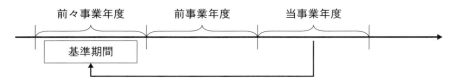

　また、「課税売上高」とは、課税資産の譲渡等の対価の額であり（消法9
②）、税込の対価から消費税相当額を控除した金額となる（消法28①）。

[4]　新設法人の特例

　新規の事業者は事業開始後2年間につき上記基準期間がないため、免税事業
者となるが、例外として、資本金等が1,000万円以上の新設法人（社会福祉法人
を除く）は、設立当初2年間についても課税事業者と扱われる（新設法人の特
例、消法12の2）。

　なお、平成23年度の税制改正で、以下の要件に当てはまる事業者については
免税事業者から外れることとなった（消法9の2）。

　ア．前年の1月1日から6月30日までの間の課税売上高が1,000万円を超え
　　　る個人事業者

　イ．前事業年度（7か月以下の場合に限る）開始の日から6か月間の課税売上
　　　高が1,000万円を超える法人事業者

　ウ．法人のその事業年度の前事業年度が7か月以下の場合で、その事業年度
　　　の開始前1年以内に開始した事業年度がある場合において、前々事業年度

　法2①十四カッコ書）。

開始の日から6か月間の課税売上高が1,000万円を超える法人事業者

ただし、この場合、ア～ウにいう「課税売上高」に代えて、所得税法に規定する給与等の支払額（支払明細書に記載すべき給与等の金額）を用いることができる（消法9の2③）。

○ **納税義務の免除の特例**

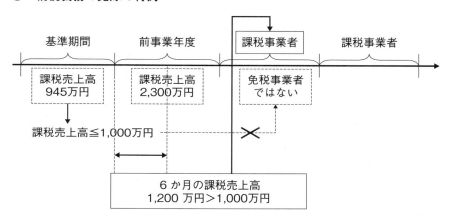

[5] 課税事業者の選択

免税事業者であっても、「消費税課税事業者選択届出書」を所轄の税務署長に提出することによって、課税事業者となることができる（消法9④）。

設備投資をした場合には課税仕入高が課税売上高を上回ることがあり、その場合課税事業者であれば申告書の提出により消費税の還付を受けることができるが、免税事業者では還付申告ができない。そのため、免税事業者であっても、主として課税事業者となり還付申告を行うため、当該届出書を提出するのである。

また、「消費税課税事業者選択届出書」を提出し課税事業者となることを選択した後、再び免税事業者となるには、「消費税課税事業者選択不適用届出書」を提出しなければならない。当該届出の効力は原則としてその提出した日の翌課税事業年度からとなる。

課税事業者を選択した場合には、2年間継続した後でなければ免税事業者となることはできない（2年間の強制適用）。

　すなわち、上記「消費税課税事業者選択不適用届出書」は、課税事業者となった課税期間の初日から2年間を経過する日の属する課税期間の初日以後でなければ提出できないのである（消法9⑥）。

[6] 課税事業者選択の継続適用の特例

　ただし、課税事業者を選択した事業者が課税事業者となった課税期間の初日から2年を経過する日までの間に開始した各課税期間、又は、新設法人が基準期間のない事業年度に含まれる各課税期間中（いずれも簡易課税の適用を受けている課税期間を除く）に調整対象固定資産を取得した場合には、その取得のあった課税期間の初日から3年間を経過する日の属する課税期間の初日以後でなければ「消費税課税事業者選択不適用届出書」を提出できない（3年間の強制適用、消法9⑦、12の2②）。

　これは平成22年度の税制改正で新たに導入された措置である。

○　3年間の強制適用

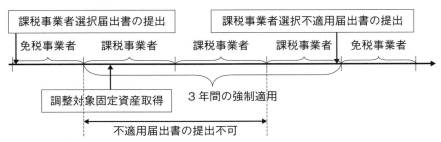

　現行制度においては、上記 **[5]** のように課税選択の強制適用期間が原則2年間であるため、その期間に調整対象固定資産を取得し、設備投資等による還付申告を行った場合において、その後課税売上割合が著しく変動したとしても、第3年度の課税期間において免税事業者となることが可能となっているため、調整措置の対象とならないという問題がある。

そのため、消費税の課税の適正化の観点から、課税選択の強制適用期間中に調整対象固定資産を取得した場合には、調整措置の対象となるような改正が行われたのである。

　なお、課税選択1期目（選択により課税事業者となった課税期間）に調整対象固定資産を取得しなかった場合には、課税選択2期目の初日以後は「消費税課税事業者選択不適用届出書」を提出できる状態になる。このため、当該課税選択2期目には調整対象固定資産の取得を行う前に当該届出書が既に提出されている場合があり得るが、これを有効とすると調整措置の対象から免れてしまうという問題が生じる。

　そのため、この強制適用期間中に当該「消費税課税事業者選択不適用届出書」を提出した後、同一の課税期間に調整対象固定資産を取得した場合には、既に提出した当該届出書は提出がなかったものとみなされる（消法9⑦）。

3 ケーススタディ

Case 1-1 資産の譲渡を行った者の意義

[1] 事例の説明

　A社は大阪中央卸売市場において牛枝肉（骨がついたままの牛肉）の卸売業を営む法人である。A社は牛枝肉の出荷者から委託を受け、買受人に対して販売を行っていた。

　A社は、買受人であるB・C社に対して牛枝肉の販売を行っていたが、両社からの代金支払いが滞り、それぞれから差し入れられていた担保を充当しても、B社については平成12年6月時点で9億1,584万円、C社については同年7月時点で2,547万円の貸倒れが生じた。

　B社については平成17年9月に裁判所から破産決定を受け、C社についても資産状況や支払能力が悪化したことから[11]、A社は平成17年4月1日から平成18年3月31日までの課税期間において、B及びC社に対する債権を貸倒れとして処理し、消費税の確定申告において、当該貸倒れに係る消費税額を控除した（消法39①）。

　これに対して課税庁は、上記貸倒れに係る消費税額の控除は認められないとして、更正処分及び過少申告加算税の賦課決定を行った。A社は当該処分を不服として提訴した。

11　消費税法施行令第59条第3号の「債権に係る債務者の財産の状況、支払能力等からみて当該債務者が債務の全額を弁済できないことが明らかであること」に該当する。

○　本件の取引関係図

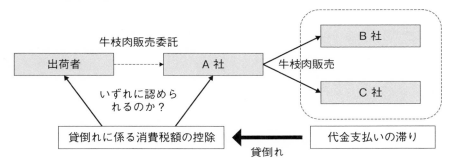

[2]　本件の争点

　出荷者からの委託を受けて物品を買受人に販売するA社が、消費税法上、果たして「資産の譲渡を行った者」に該当するのかどうか。

　すなわち、貸倒れに係る消費税額の控除が認められるのは、資産の譲渡等に係る対価を享受する者であるため、委託者（出荷者）であってA社ではないのか、それともA社は商法上の問屋であり、委託者である出荷者との関係（内部関係）は委任関係であるが、買受人であるB・C社との関係（外部関係）においては、A社自らが法律上の権利義務の主体として法律行為を行っているので、A社に貸倒れに係る消費税額の控除が認められるのではないか、という点である。

[3]　裁判所の判断

　本件に関する裁判所の判断は以下のとおりである（大阪地裁平成25年6月18日判決・税資263号順号12235、納税者勝訴・確定）。

　まず、本件取引関係におけるA社の法的地位であるが、裁判所は、「原告（筆者注：A社）が大阪市により開設された南港市場において牛枝肉等の卸売を行う卸売業者であり、出荷者から牛枝肉等の販売の委託等を受けて、買受人（大阪市長から許可を受けた仲卸業者及び大阪市長から承認を受けた売買参加

者）を相手に牛枝肉等を販売していたことは、前記前提事実（中略）のとおりであり、かかる牛枝肉取引における原告の立場は、商法上の問屋に当たると解される（この点については、当事者間に争いがない。）。」として、A社は「商法上の問屋」であるとしている。

　ちなみに、商法上の問屋とは、自己の名において他人のために行う取引（取次ぎ、商法502十一）のうち、物品の販売又は買入れを行う商人（取次商）をいう（商法551）。A社が出荷者との間で締結した「大阪市中央卸売市場南港市場食肉部卸売業者受託契約約款」によれば、A社は出荷者から委託手数料（販売金額の3.5％）を得ることとされており、A社は取次商としての問屋であるといえる。

　次に、「資産の譲渡を行った者」はどのように判断すべきかにつき、裁判所は以下のように「法的実質」によるべき旨を判示し、原告・納税者の主張を認めている。

　「本件牛枝肉取引を含む南港市場における牛枝肉の取引において、原告は商法上の問屋と認められ、原告と買受人（本件牛枝肉取引においては、本件各買受人）との間の売買契約に係る経済的利益は原告ではなく委託者（出荷者）に帰属するものであって、牛枝肉の譲渡に係る対価を享受するのは原告ではなく委託者（出荷者）であるとしても、南港市場における牛枝肉取引において、制度上およそ原告が売買代金回収のリスクを負わない仕組みが構築されているものとはいえず、本件牛枝肉取引においても原告が本件各買受人からの売買代金回収のリスクを負うものであって、委託者（出荷者）は同リスクを何ら負わないこと、原告と買受人との間の牛枝肉の売買代金の合意（売買契約の締結）についても、委託者（出荷者）は特段の関与はしていないこと、買受人に対する瑕疵担保責任を負うのも原告であって委託者（出荷者）ではないことに照らせば、本件牛枝肉取引において、原告が、その法的実質として、単なる名義人として課税資産（本件牛枝肉）の譲渡を行ったものにすぎないということはできず、したがって、原告は、課税資産（本件牛枝肉）の譲渡を行ったものとして、本件牛枝肉取引に係る本件各債権について、消費税法39条1項の貸倒れに

係る消費税額の控除の適用を受けるものと解するのが相当である。（下線部筆者）」

［4］ 本裁判例から学ぶこと

　まず、本裁判例は、消費課税における「実質行為者課税の原則（消法13）」を初めて示したものであると評価できる[12]。

　所得課税においては、「実質所得者課税の原則」があり（所法12、法法11）、その解釈に関しては、課税物件の法律上の帰属につき、その形式と実質とが相違している場合には、実質に即して帰属を判断すべきとするもの（法律的帰属説）と、課税物件の法律上の帰属と経済上の帰属とが相違している場合には、経済上の帰属に即して課税物件の帰属を判断すべきとするもの（経済的帰属説）とが対立している。学説上は、法律的帰属説が妥当すると解されており[13]、それに従った裁判例も多い。

　消費課税における「実質行為者課税の原則」を初めて示した本裁判例は、所得課税の場合と同様に、法的実質を捉えた法律の帰属説を採用したものと解される[14]。

　すなわち、商法上の問屋に該当する A 社の場合、牛枝肉の売買契約に関する経済的利益は帰属しないが、買受人からの売買代金回収リスクや買受人に対する瑕疵担保責任といった、売買契約に関する重要なリスクを負うため、法律上の実質的な譲渡者であると解するのが妥当ということである。

12　西山由美「資産の譲渡を行った者の実質判定」『最新租税基本判例70』（日本税務研究センター・2014年）230頁。なお、消費税法第13条について言及した裁判例としては、仙台地裁平成24年 2 月29日判決・税資262号順号11897（旅館業の食材仕入れに係るリベート収入は法人に帰属するのかそれとも受領した従業員に帰属するのかが争われ、法人には帰属しないとして納税者勝訴となった・確定）がある。
13　金子前掲注 7 書182頁。
14　西山前掲注12評釈230頁、金子前掲注 7 書807頁。

Case 1-2 免税事業者の判定

[1] 事例の説明

　前述のとおり、わが国の消費税法においては、基準期間（消法2①十四）の課税売上高が一定規模以下（1,000万円）の事業者につき、国内取引にかかる納税義務を免除する制度（事業者免税点制度）が採り入れられている（消法9①）。

　令和5（2023）年10月以降に導入予定のインボイス制度（適格請求書等保存方式）の下では、仕入税額控除の要件として適格請求書の保存が求められるが、免税事業者は適格請求書を発行できないため、取引からの排除を懸念する免税事業者の多くが課税事業者・適格請求書発行事業者へ転換することが見込まれている。ただし、適格請求書等保存方式の下でも、取引の相手方の大半が個人（消費者）である場合には、免税事業者の地位を維持する事業者も一定数存在するものと考えられる[15]。したがって、現在はもちろんのこと、適格請求書等保存方式の下でも、免税事業者の判定は重要な問題であり続けるものと考えられる。

　そのような免税事業者の判定において重要なのは、基準期間における課税売上高の算定方法である。すなわち、基準期間における課税売上高が1,000万円前後の場合、当該課税売上高に消費税相当額を含めるのか含めないのか（当然のことながら、含めない方が免税事業者の範囲が広くなるので事業者有利となる）が問題となり得る。

　この点について、平成15年度改正前の規定（免税事業者の基準は基準期間における課税売上高が3,000万円以下、旧消法9①）に係るものであるが、最高裁まで争われた事案がある（最高裁平成17年2月1日判決・民集59巻2号245頁）。

　原告である株式会社Aは、基準期間（平成3年10月1日～平成4年9月30日）における課税売上高が2,964万203円（消費税抜き）であるから、課税期間（平成

15　適格請求書等保存方式の下での事業者免税点制度については、拙著『消費税軽減税率対応とインボイス制度導入の実務』（清文社・2019年）68-82頁参照。

5年10月1日～平成6年9月30日）においては免税事業者であるとして、消費税の申告は行っていなかった。

　しかし、課税庁は、Ａ社の基準期間における課税売上高は消費税込みで3,052万9,410円と3,000万円を超えているため、課税期間においては課税事業者に該当することから、Ａ社に対して消費税の決定及び無申告加算税の賦課決定を行った。これに対して、Ａ社は課税処分の取消しを求めて提訴したのが本件事案である。

[2] 本件の争点

　免税事業者の判定において、免税事業者であった基準期間における課税売上高の算定の際に、消費税相当額を含めるのか（非控除説）、それとも含めないのか（控除説）という点である[16]。

○　免税事業者の判定

[3] 裁判所の判断

■ 第一審の判断

　第一審（東京地裁平成11年1月29日判決・判タ1039号133頁）は、「免税事業者の行った課税資産の譲渡等につき課されるべき消費税が存在しない以上、基準期間において免税事業者であった者の売上総額から除外すべき消費税額に相当する額も存在しないということになる。」と判示し、原告の基準期間における

16　両説の内容等については、田中治「免税事業者の課税売上高」中里他編『租税判例百選（第6版）』（有斐閣・2016年）166頁参照。

課税売上高は3,000万円を超えるとして、原告の請求を退けた。いわゆる「非控除説」を採用しているものと考えられる。

2 第二審の判断

　第二審（東京高裁平成12年1月13日判決・税資246号1頁）も、「法は、小規模事業者については、消費税の納税義務を免除している。そして、免税事業者たる小規模事業者に当たるかどうかは、基準期間における売上高から課されるべき消費税に相当する額を控除した課税売上高によって判定する旨定めている。これは、消費税の性格上、事業者が納付義務を負う消費税は、取引の相手方に転嫁されることが予定されており、その額が売上高に含まれているから、事業規模を判断するに当たっては、消費税相当額を控除した、いわば実質的な売上高を基準としたものである。免税事業者の具体的な要件を定めるに当たって、どのような基準によって事業規模を測定し、担税力を把握するかは、立法政策の問題である。そして、右に述べた実質的な売上高を基準とすることが不合理なものであるとは認められない。（下線部筆者）」として、控訴人の請求を退けた。

　しかし、上記論理はストレートではなく分かりにくいところがある。なぜなら、「事業規模を判断するに当たっては、消費税相当額を控除した、いわば実質的な売上高を基準としたものである」というのであれば、基準期間における課税売上高は、消費税相当額を控除してかまわない、すなわち「控除説」を採用しているようにもみえるからである。

　しかしながら、以下でみる上告審と同様に、第2審も裁判所は（おそらく）非控除説を採用して納税者の請求を斥けている。

3 上告審の判断

　上告審で最高裁は以下のとおり判示して、上告人の上告を棄却している。

　「法9条1項に規定する『基準期間における課税売上高』とは、事業者が小規模事業者として消費税の納税義務を免除されるべきものに当たるかどうかを決定する基準であり、事業者の取引の規模を測定し、把握するためのものにほかならない。ところで、資産の譲渡等を課税の対象とする消費税の課税標準

は、事業者が行う課税資産の譲渡等の対価の額であり（法28条1項）、売上高と同様の概念であって、事業者が行う取引の規模を直接示すものである。そこで、法9条2項1号は、上記の課税売上高の意義について、消費税の課税標準を定める法28条1項の規定するところに基づいてこれを定義している。」

「法28条1項の趣旨は、課税資産の譲渡等の対価として収受された金銭等の額の中には、当該資産の譲渡等の相手方に転嫁された消費税に相当するものが含まれることから、課税標準を定めるに当たって上記のとおりこれを控除することが相当であるというものである。<u>したがって消費税の納税義務を負わず、課税資産の譲渡等の相手方に対して自らに課される消費税に相当する額を転嫁すべき立場にない免税事業者については、消費税相当額を上記のとおり控除することは、法の予定しないところというべきである。</u>（下線部筆者）」

「以上の法9条及び28条の趣旨、目的に照らせば、<u>法9条2項に規定する『基準期間における課税売上高』を算定するに当たり、課税資産の譲渡等の対価の額に含まないものとされる『課されるべき消費税に相当する額』とは、基準期間に当たる課税期間について事業者に現実に課されることとなる消費税の額をいい、事業者が同条1項に該当するとして納税義務を免除される消費税の額を含まないと解するのが相当である。</u>（下線部筆者）」

[4] 本裁判例から学ぶこと

[2]でみたとおり、本件の争点は、免税事業者の判定において、免税事業者であった基準期間における課税売上高の算定の際に、消費税相当額を含めるのか（非控除説）、それとも含めないのか（控除説）という点である。

第一審は「非控除説」を採用して納税者の請求を斥けているが、第二審は第一審と同様納税者の請求を斥けているものの、その理由は必ずしも明確ではない。

上記**2**でも指摘したとおり、裁判所は「事業規模を判断するに当たっては、消費税相当額を控除した、いわば実質的な売上高を基準としたものである」と判示しており、これを素直に読めば、基準期間における課税売上高は、

消費税相当額を控除してかまわない、すなわち「控除説」を採用しているようにも見えるからである。

　免税事業者といえども、その売上の際、取引相手に「本体価格＋消費税」で請求することは違法ではないし、実務上、そのような取引態様は極めて一般的である。付加価値税の基本的な枠組みからいって、納税義務のない免税事業者が売上先に付加価値税額を「転嫁」するのは不合理であると思われるが、免税事業者も仕入に係る税額は控除できないのであるから、その金額を自ら負担するのではなく、売上高に含めて転嫁（「本体価格×税率」で算定した金額だと過大転嫁となるが）するのは、あながち不合理であるとまではいえない。第二審はこれらの点に明確に判示しておらず、紛争解決の役割を十分に果たしているとはいえないものと考えられる。その結果、紛争解決は最高裁まで持ち越されることとなった。

　一方最高裁は、控除説なのか非控除説なのかにつき、以下のとおり概ね明確な基準を示して、「非控除説」であることを明らかにしている。

① 消費税法第9条第1項にいう「基準期間における課税売上高」とは、事業者の取引の規模を測定し、把握するためのものである。

② 消費税法第28条第1項に定められる課税標準は、事業者が行う取引の規模を直接示すものである。

③ 消費税法第28条第1項の趣旨は、課税資産の譲渡等の対価として収受された金銭等の額の中には、当該資産の譲渡等の相手方に転嫁された消費税に相当するものが含まれることから、課税標準を定めるにあたってこれを控除することが相当であるというものである。

④ 消費税の納税義務を負わず、課税資産の譲渡等の相手方に対して自らに課される消費税に相当する額を転嫁すべき立場にない免税事業者については、消費税相当額を控除することは、消費税法の予定しないところである。

⑤ 消費税法第9条第2項に規定する「基準期間における課税売上高」を算定するにあたり、課税資産の譲渡等の対価の額に含まないものとされる「課されるべき消費税に相当する額」とは、基準期間に当たる課税期間に

ついて事業者に現実に課されることとなる消費税の額をいい、事業者が同条第1項に該当するとして納税義務を免除される消費税の額を含まないと解するのが相当である。

なお、通達（消基通1-4-5）においても、「その事業者の基準期間における課税売上高の算定に当たっては、免税事業者であった基準期間である課税期間中に当該事業者が国内において行った課税資産の譲渡等に伴って収受し、又は収受すべき金銭等の全額が当該事業者のその基準期間における課税売上高となることに留意する」として、「非控除説」であることが明示されている。

とはいえ、上記判示にも疑問点がないわけではない。

例えば、④において、「消費税の納税義務を負わず、課税資産の譲渡等の相手方に対して自らに課される消費税に相当する額を転嫁すべき立場にない免税事業者」とあるが、免税事業者といえども課税仕入れには消費税額が含まれており、売上額に転嫁しないと自ら負担することとなるのである。「課税資産の譲渡等の相手方に対して自らに課される消費税に相当する額を転嫁すべき立場にない」とは、事業者を消費者として扱うことと同義であるが、これは付加価値税の仕組みからみて適切といえるのであろうか。

既に【1】において指摘したとおり、適格請求書等保存方式の下では、免税事業者の多くが課税事業者・適格請求書発行事業者へ転換することが見込まれており、現在約300万程度とされる課税事業者よりも多い約500万程度あるとされる免税事業者は、今後大幅に減少するであろう。しかし、主として消費者向け取引を行う事業者を中心に、相当数が免税事業者の地位を維持するとも考えられることから、「消費税法において免税事業者をどのようにとらえ、位置付けるのか」という問題は、今後もくすぶり続けるものと考えられる。

Case 1-3 簡易課税制度選択届出書の効力

[1] 簡易課税制度の概要

簡易課税制度をめぐる事業者のステータスの判定誤り、すなわち現在簡易課税の適用があるのに「ない」と誤認したり、簡易課税の適用がないのに「ある」と判断する誤りが未だにみられる。そこで、事例の説明をする前に、まず簡易課税制度の概要をみておきたい。

簡易課税制度は、中小企業者の事務負担を考慮して、仕入控除税額を便宜的に、売上高からダイレクトに算定しようという趣旨で導入された制度である[17]。

すなわち、基準期間における課税売上高が5,000万円以下[18]の課税期間について、所轄税務署長に「消費税簡易課税制度選択届出書」を提出した場合に、その課税期間の課税標準額に対する消費税額（課税売上に係る消費税額）から売上対価の返還等の金額に係る消費税額の合計額を控除した金額に90％〜40％の「みなし仕入率」を乗じた金額を、控除する課税仕入れ等に係る消費税額の合計額（仕入れに係る消費税額）とみなすものである（消法37）。

簡易課税制度と原則課税制度とを比較すると右ページの図のようになる。

上記「消費税簡易課税制度選択届出書」の効力は、原則としてその提出のあった日の属する課税期間の翌課税期間以後の課税期間から生じる（消法37①）。ただし、新設法人の場合や、事業を営んでいなかった個人が事業を開始した場合には、その提出のあった日の属する課税期間以後の課税期間（要するに提出のあった日の属する課税期間）からその効力が生じる（消法37①、消令56）。

また、いったん当該制度の適用を選択した場合、事業を廃止した場合を除

---

17 「納税者の混乱を避け、その協力を期待するために」採用されたと説明される。水野忠恒『大系租税法（第2版）』（中央経済社・2018年）960頁。

18 平成16年3月31日以前に開始した課税期間については課税売上高の基準は2億円であった。消費税導入時は5億円であったが、不当な優遇税制であるという批判が強く、平成4年度の改正で4億円、次いで平成6年度には2億円に引き下げられた。

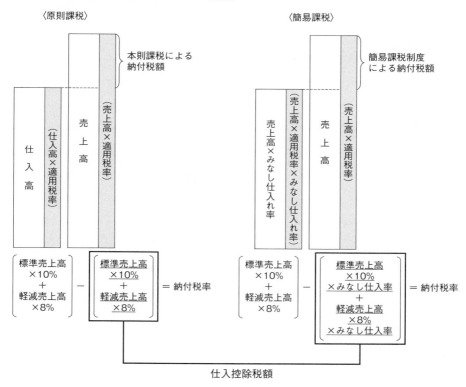

○ **原則課税と簡易課税の比較**（ □ =消費税額 ）

〈原則課税〉

本則課税による
納付税額

仕入高

（仕入高×適用税率）

売上高

（売上高×適用税率）

| 標準売上高
×10%
＋
軽減売上高
×8% | － | 標準売上高
×10%
＋
軽減売上高
×8% | ＝ 納付税率 |

〈簡易課税〉

簡易課税制度
による納付税額

売上高×みなし仕入れ率

（売上高×適用税率×みなし仕入れ率）

売上高

（売上高×適用税率）

| 標準売上高
×10%
＋
軽減売上高
×8% | － | 標準売上高
×10%
×みなし仕入率
＋
軽減売上高
×8%
×みなし仕入率 | ＝ 納付税率 |

仕入控除税額

〈出典〉財務省ホームページを一部改変

き、届出書を提出した日の属する課税期間の翌課税期間の初日から2年を経過するまで取りやめることはできないことに留意する必要がある（「2年間継続適用要件」消法37③）。

　簡易課税制度における「みなし仕入率」は次ページの表のとおりである（消法37①、消令57①⑤⑥）。なお、平成26年度の税制改正で第6種事業が新設されるとともに、金融業及び保険業が第4種事業から第5種事業に変更された。

○　事業区分とみなし仕入率

事業区分	みなし仕入率	該当する事業	課税売上高に乗ずる率（注）
第1種事業	90%	卸売業	0.78%
第2種事業	80%	小売業	1.56%
第3種事業	70%	農・林・漁業、鉱業、建設業、製造業、電気・ガス・熱供給業、水道業	2.34%
第4種事業	60%	第1種・2種・3種・5種・6種以外の事業（飲食店等）	3.12%
第5種事業	50%	運輸通信業、金融業、保険業、サービス業	3.9%
第6種事業	40%	不動産業	4.68%

（注）　各事業区分につき税額を算出するために課税売上高に乗ずる割合を示す。
　　　　また、平成30年度の税制改正で、第3種事業の中の「農・林・漁業」のうち、飲食料品の譲渡を行う部分は第2種事業、飲食料品の譲渡を行う部分以外の部分は引き続き第3種事業とされている。

[2] 事例の説明

　本件は、消費税法第37条《中小事業者の仕入れに係る消費税額の控除の特例》第1項に規定する特例（「簡易課税制度」）の適用を受ける旨の届出書（「簡易課税制度選択届出書」）の効力は、その後、同法第57条《小規模事業者の納税義務の免除が適用されなくなった場合等の届出》第1項第2号の規定に基づく課税期間の基準期間における課税売上高が3,000万円以下（平成15年度改正前）となった旨の届出書（「納税義務者でなくなった旨の届出書」）の提出により、失効するか否かを争点とする事案である（国税不服審判所平成11年7月5日裁決・裁事58集292頁）。

　納税者は、平成9年3月1日から平成10年2月28日までの課税期間（本件課税期間）の消費税及び地方消費税について、確定申告書（簡易課税用）により法定申告期限までに申告を行った。

その後、納税者は、簡易課税制度を適用した確定申告は誤りで、仕入れに係る消費税額は実額により計算されるべきであるとして、平成10年7月31日に更正の請求を行った。

　課税庁は、これに対し、平成10年9月30日付けで消費税法第37条第2項に規定する簡易課税制度の適用を受けることをやめようとする旨の届出書（「簡易課税制度選択不適用届出書」）の提出がないため、仕入れに係る消費税額の計算は簡易課税制度が適用されるとして、更正をすべき理由がない旨の通知処分を行った。

　なお、以下の点は納税者・課税庁の間で争いがない。

① 　納税者は、平成3年2月6日付けで課税庁に対し、「課税事業者届出書」及び「簡易課税制度選択届出書」を提出し、平成3年3月1日から平成4年2月29日までの課税期間以後の課税期間について、簡易課税制度による申告を選択した。

② 　納税者は、平成5年3月1日から平成6年2月28日までの課税期間の基準期間における課税売上高が3,000万円以下となったため、平成5年4月23日に課税庁に対し、納税義務者でなくなった旨の届出書を提出した。

③ 　次いで、納税者は、平成9年1月31日に「課税事業者選択届出書」を課税庁に提出し、本件課税期間から課税事業者となることを選択した。

　　なお、当該課税事業者選択届出書には、本件課税期間の基準期間における課税売上高は10,603,240円と記載されている。

④ 　納税者は、簡易課税制度選択届出書を提出した日以降、簡易課税制度選択不適用届出書を課税庁に対して提出していない。

　事実関係を整理すると次ページの図のとおりとなる。

[3] 本件の争点

　納税者が簡易課税制度選択届出書を提出して簡易課税制度の適用を受けた後、免税事業者となった課税期間を経たのち、再度課税事業者となった場合、簡易課税適用のステータスは維持されているので、簡易課税制度選択不適用届

○　課税期間と簡易課税等の適用関係

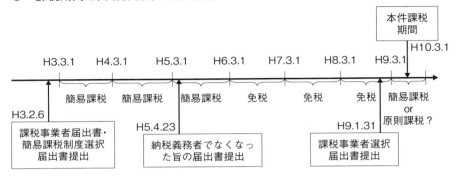

出書を提出しないと簡易課税制度の適用を受けることとなるのか。

[4]　審判所の判断

〈簡易課税制度選択届出書の効力について〉

　「（改正前の消費税）法第37条第1項は、課税事業者が税務署長に基準課税売上高が4億円以下である課税期間について、簡易課税制度選択届出書を提出した場合には、当該届出書を提出した日の属する課税期間の翌課税期間以降の課税期間については、簡易課税制度の適用を受けることができる旨規定している。

　また、同条第2項及び第4項は、簡易課税制度選択届出書を提出した事業者が、簡易課税制度の適用を受けることをやめようとするときは、簡易課税制度選択不適用届出書を税務署長に提出しなければならないこと及び当該届出書の提出があったときは、その提出があった日の属する課税期間の末日の翌日以後は、簡易課税制度選択届出書はその効力を失う旨規定している。

　これを本件について見ると、請求人は、原処分庁に対し、平成3年2月6日に課税事業者届出書とともに簡易課税制度選択届出書を提出しているところ、その後、請求人から簡易課税制度選択不適用届出書が提出された事実は認められず、また、請求人は、平成9年1月31日に課税事業者選択届出書を提出して

いるから、請求人が本件課税期間においても簡易課税制度の適用を受ける事業者であることは明らかである。（下線部筆者）」

「請求人は、同人が平成5年4月23日に納税義務者でなくなった旨の届出書を提出したことに伴い、簡易課税制度選択届出書の効力についても同時に失われる旨主張する。

しかしながら、簡易課税制度選択届出書の効力は、上記（中略）のとおり、簡易課税制度選択不適用届出書を提出しなければ失効せず、納税義務者でなくなった旨の届出書は、法第57条に規定するとおり、事業者の基準課税売上高が3千万円以下となった場合にその旨を税務署長に届け出るもので、簡易課税制度選択不適用届出書とはその目的を異にし、納税義務者でなくなった旨の届出書の提出により当然に簡易課税制度選択届出書の効力が失われることを定めた法令の規定もないから、この点に関する請求人の主張は理由がない。（下線部筆者）」

[5] 本裁決事例から学ぶこと

設備投資を行う場合に、簡易課税のままでは還付を受けることができないため、課税事業者選択届出書とともに簡易課税制度選択不適用届出書を提出しなければならないが、それを失念していた事例である。一度簡易課税の選択を行うと、その後免税事業者になろうが原則課税の事業者になろうが、その効力はいつまでも継続するため、簡易課税の適用要件を満たすようになると強制的に簡易課税が適用される（消基通13-1-3参照）。

簡易課税制度が年々複雑さを増し、事業者にとって決して「取り組みやすい」制度ではなくなっていることから、安易な選択は禁物であることを思い起こさせる事例である。簡易課税の適用を受けている事業者をクライアントに持つ税理士は多いと思われるが、このようなミスを防止するため、関与先の消費税のステータスを次ページのような帳簿等で管理することは必須といえよう。

もっとも、当該裁決事例は平成の世の、事業者免税点制度が3,000万円と高かった時代のものであり、令和の時代には参考にならないという読者もいるか

○　消費税関係届出書管理システム（例）

法人名		株式会社○○商事	事業年度：		4月1日～3月31日		
届出書提出履歴							
届出書名称	管理番号	署提出日	運用開始日	課税方式	特例適用	備考	
消費税課税事業者選択届出書	A-001	2006.3.19	2006.4.1	原則	無	還付申告のため	
消費税課税事業者選択不適用届出書	A-002	2008.3.30	2008.4.1	免税	無	免税事業者に戻るため	
消費税課税事業者届出書	A-003	2010.3.20	2010.4.1	－	無	税務署の求めに応じて	
消費税簡易課税制度選択届出書	A-004	2010.3.20	2010.4.1	簡易	無	簡易課税の方が有利であるため	
消費税簡易課税制度選択不適用届出書	A-005	2014.3.26	2014.4.1	原則	無	本則課税の方が有利であるため	
消費税簡易課税制度選択届出書	A-006	2016.3.19	2016.4.1	簡易	無	簡易課税の方が有利であるため	

もしれない。しかし、筆者はそのように断じるのは早計と考える。

　なぜなら、筆者が別稿[19]にて指摘したとおり、インボイス制度（適格請求書等保存方式）が導入される令和5（2023）年10月以降は、現在500万を超えるとされる免税事業者の多くが課税事業者（≒適格請求書発行事業者）への転換を迫られることになると想定されるが、その多くが同時に簡易課税制度の適用を受けるべくそれを選択すると考えられるからである。

　すなわち、インボイス制度（適格請求書等保存方式）の導入後、簡易課税制度は今以上に適用対象事業者が増加して身近な制度となるため、その適用関係の誤りも頻発することがあり得ると考えられるのである。

　ここで今一度簡易課税制度の要件を確認し、落とし穴に落ちないよう留意することが重要である。

19　拙著『消費税軽減税率対応とインボイス制度導入の実務』（清文社・2019年）第1章第10節参照。

Case 1-4 新設法人の納税義務

[1] 事例の説明

　消費税の納税義務者は、原則として基準期間の課税売上高で判定されるが（消法5、9①）、新設の法人等で事業開始後2年間につき基準期間がない場合で、資本金等の額が1,000万円以上の「新設法人」は、設立当初2年間についても課税事業者として扱われる（新設法人の特例、消法12の2）。

　本事例は、そのような新設法人の納税義務について争われた事例である（国税不服審判所平成29年6月15日裁決・裁事109集）。

　行政書士法人である納税者（請求人）は、当初、消費税法上の新設法人に該当するとして消費税及び地方消費税の確定申告をしたが、その後、納税者の設立時における出資の金額11,000,000円は「信用出資」の額であり、当該出資の金額は、消費税法第12条の2《新設法人の納税義務の免除の特例》第1項に規定する「事業年度開始の日における資本金の額又は出資の金額」に含まれるべきものではないことから、納税者は同項に規定する新設法人に該当せず、消費税等の申告義務は生じていなかったとして更正の請求を行った。しかし、課税庁が更正をすべき理由がない旨の通知処分を行ったことから、納税者が当該処分の取消しを求めた事案である。

　なお、請求人は、平成○年○月○日に設立された行政書士法人であり、「平成○年○月○日作成」の請求人の定款の第4条においては、次のとおり記載されている。

（社員の氏名、住所及び出資）
第4条　社員の氏名、住所、出資の目的及び評価の基準は、次のとおりとする。
　　　　e市f町○-○　　B
　　　　信用　この評価の基準1か年　一千万円
　　　　g市h町○-○　　E

○○

信用　この評価の基準1か年　一百万円

　上記のとおり、納税者の社員であるB及びEは、各人の信用を出資の目的として請求人に出資し（信用出資）、各人の信用出資を金銭に見積もった場合の評価額をそれぞれ10,000,000円及び1,000,000円とした。

[2] 本件の争点

　納税者による更正の請求は、国税通則法第23条第1項第1号に規定する更正の請求ができる場合に該当するか。

　具体的には、行政書士法人に対する「信用出資」の額（合計11,000,000円）は、消費税法第12条の2第1項に規定する「事業年度開始の日における資本金の額又は出資の金額」に含まれるのか。

[3] 審判所の判断

　「行政書士法第13条の21は、（中略）、持分会社の無限責任社員の責任を規定した会社法第580条第1項を準用し、行政書士法人が債務を完済できないなどの場合には、社員全員が連帯して責任を負うこととしている。

　行政書士法人の社員は信用出資をすることができ、信用出資をする場合には、その評価の基準を定款に記載するよう取り扱われており、請求人の定款には、（中略）のイのとおり記載されている。」

　「行政書士法においては、損益分配及び残余財産の分配について会社法の各規定が準用されており、会社法第622条第1項及び同法第666条は、定款の定めがないときは、損益分配の割合及び残余財産の分配の割合は各社員の出資の価額に応じて定める旨規定し、<u>出資の価額を損益分配及び残余財産の分配の指標としている点において、財産（金銭等）出資者と信用出資者との取扱いに差は設けられていない。（下線部筆者）</u>」

　「消費税法第9条第1項は、事業者が小規模事業者として消費税の納税義務

が免除されるべきものに当たるかどうかを決定する基準として、「基準期間における課税売上高」を用いて、事業者の取引の規模を測定し、把握することとしており、新設された法人については、基準期間がないことから、「基準期間における課税売上高」に代わり、事業者の取引の規模を測定する基準として、消費税法第12条の２第１項は、「資本金の額又は出資の金額」を用いることとしている。このように、新設された法人に対し、事業者の取引の規模を測定する基準として「資本金の額又は出資の金額」を用いることとしているのは、「資本金の額又は出資の金額」が一定金額以上ある事業者は取引の規模が大きく、ひいては、事務処理能力が高いと見込まれるためであると考えられ、加えて、一般的には、事業者の信用が取引の規模に影響を与えると考えられること及び（中略）、<u>行政書士法が準用する会社法の損益分配及び残余財産の分配の各規定において、財産出資者と信用出資者との取扱いに差が設けられていないことを併せ考えると、新設された法人の事業の規模を測定する基準である「資本金の額又は出資金の金額」に信用出資を含めることは、不合理であるとはいえない。</u>（下線部筆者）」

　「請求人は、（中略）、「資本金の額又は出資の金額」については消費税法において独自の定義規定が置かれていないことから、会社計算規則第30条第１項の規定を借用して判断するのが適当である旨主張する。

　しかしながら、会社計算規則は、同規則第１条《目的》によれば、会社法の規定により委任された会社の計算に関する事項その他の事項について必要な事項を定めることを目的としたものであり、同規則第30条第１項は、会社が作成すべき会計帳簿に付すべき資産、負債及び純資産の価額に関する事項として、会計帳簿において資本金の額として計上する額について、「社員が履行した出資により持分会社に対し払込み又は給付がされた財産の価額」等に基づき算出すべき旨定めたものであって、<u>持分会社における資本金を「社員が履行した出資により持分会社に対し払込み又は給付がされた財産の価額」と定義した規定ではない</u>ことから、この点に関する請求人の主張には理由がない。（下線部筆者）」

[4] 本裁決事例から学ぶこと

　新設法人の特例を規定した消費税法第12条の２第１項に関し、「事業年度開始の日における資本金の額又は出資の金額」を判断する際、金銭出資ではない「信用出資」の金額を含めるのか否かが問題となった事案である。

　審判所は、

①　一般的には、事業者の信用が取引の規模に影響を与えると考えられること

②　行政書士法が準用する会社法の損益分配及び残余財産の分配の各規定において、財産出資者と信用出資者との取扱いに差が設けられていないこと

を併せ考えると、新設された法人の事業の規模を測定する基準である「資本金の額又は出資金の金額」に信用出資を含めることは、不合理であるとはいえない、と判断した。

　人的会社といわれる合名・合資会社の場合、会社法上、金銭出資・現物出資以外の信用出資又は労務出資が認められており、その取扱いをどうするかは、無限責任社員制度を有する税理士法人や行政書士法人といった士業においては必須の知識といえる。本件はその一例であると考えられる。

　消費税法に限らず、法人税法等においても、資本金等の額を基準に課税の取扱いが異なる規定は少なくない。次のケースもそうであるが、資本金等の捉え方を誤ると、納税者が大きな不利益をこうむりかねないので、特例等の選択時においては、十分に留意し慎重に判断すべきであろう。

Case 1-5 医療法人の納税義務

[1] 事例の説明

　本事例は、医療法人である原告がその設立の際、原告代表者（理事長）である甲が、当時自身の顧問税理士であった被告との間で、いわゆる「法人成り」

に係るその設立手続の一部を被告が行う旨の契約を締結したことに端を発するもので、いわゆる「税理士損害賠償事案」である（東京地裁平成27年5月28日判決・判時2279号33頁）。

原告は、被告が、上記契約上、原告設立時に原告の資本金を設立後2期分の消費税の免除を受けられるなど税務上有利とするために、1,000万円未満とするよう、甲に指導すべき義務があったにもかかわらず、これを怠り、原告に設立後2期分の消費税を支払わせるなどの税務上の損害を与え、また、原告設立後、原告と被告との税務申告に関する契約上、被告が事務用品購入費について経費算入を怠ったとして、前者については選択的に債務不履行又は不法行為に、後者については債務不履行に基づき、支払った税金相当額又は繰越欠損金として扱われるべきであった額相当分を損害として、その賠償を求めた。

本件を理解する上で、以下の事実関係が重要である。

① 原告は、平成15年2月17日、資産の総額1億74万9,000円として設立された医療法人である。

② 甲は医院（個人立の診療所）を運営する医師であり、被告は甲個人に対する顧問税理士であった。

③ 平成14年、甲が被告に対し、前記医院を法人にする旨を相談し、それを受けて甲と被告との間で、被告に対し、原告となる医療法人の設立手続の一部についての事務を委任する契約を締結した。

④ 被告は、原告に関する法人設立届出書を作成し、平成15年3月28日、税務署に提出した。被告は、医療法人決算届を作成し、同年6月6日、東京都知事に提出した。被告は、労働保険概算・増加概算・確定保険料申告書を作成し、同年8月ころ、労働局に提出した。

⑤ 被告は、平成15年3月31日の決算期から平成21年3月31日の決算期までの原告の年次決算・税務申告手続を行った。

[2] 本件の争点

本件契約に関し、税理士である被告は甲に対して消費税をはじめとする租税

に関し有利となるような指導を行う義務があったか。

[3] 裁判所の判断

◼1 本件契約上の被告の債務不履行責任について

「原告の設立の主な目的は節税であったことが認められ、そうであるとすれば、甲から相談を受け、設立手続の一部に協力する旨の本件契約を締結した被告としては、その目的に沿うよう、甲に対し、資産総額についても正しく説明・指導する義務があったと認められる。しかしながら、前記認定事実によれば、被告は、平成22年に甲から電話で資産総額と消費税との関係について指摘を受けた際、日を変えて2度にわたり、消費税については、原告は個人経営から法人成りした経緯から、2期分の免除の適用はない旨、誤った認識に基づく回答をし、設立の際に正しい説明をしたことや、甲の強い希望で資本金額を1億円以上としたことについては全く触れなかったことが認められる。（下線部筆者）」

「かかる被告の認識は、平成22年の甲との電話においてのものではあるが、他に被告が原告設立の際に正しい説明をしたことを示す客観的証拠もなく、日を変えて2度にわたっての回答であったことにもかんがみると、被告は、原告設立時にも同様の認識を持っており、それに従った説明・指導をしたと考えざるを得ない。」

「被告は、原告に対して資産総額を1,000万円未満とした場合には設立後2期分の消費税が課税されない旨説明したが、原告代表者が『資産総額だけでも他のクリニックに勝ってブランド化したい。』『設立から2期分の消費税の免税が受けられなくとも、課税される消費税が経費となるならそれでかまわない。』『運転資金が潤沢にあった方が運営しやすい。』などと述べて、資産総額を1億円超とした旨主張し、これに沿う（証拠略）があるが、そのような事実があったのであれば、前記の各電話、特に2回目の電話の際には、その旨を多少なりとも述べるのが自然と考えられるが、それをまったくしていないこと、そもそも原告設立の目的は節税であり、甲がそれに反する行動をとることは考え難い

ことにかんがみれば、同証拠は不自然で信用できず、被告の前記主張は採用できない。」

　「したがって、被告には、節税の目的に沿うよう、資産総額について正しく説明・指導する義務に違反した債務不履行があったことが認められる。（下線部筆者）」

　「なお、本件契約の当事者は甲個人であるが、本件契約は法人設立の準備行為に関するものであるから、法人が設立され、その準備行為に不備があり、法人に損害が生じた場合は、本件契約上の債務不履行に基づく損害賠償請求権を行使し得る地位は、原告が承継すると考えるのが当事者の合理的意思であると解され、医療法人設立の根拠法たる医療法上、このような解釈を妨げる規定もない。また、原告は甲の個人経営医院が節税目的のために法人成りしたもので、実質は個人経営と変わりがなく、原告と甲との同一性も強く認められる。したがって、前記本件契約上の地位は、平成15年2月17日の原告の設立登記が完了した時点で、甲から原告に承継移転したと認められる。」

2 本件契約上の債務不履行責任に基づく損害について

　「原告は、被告の誤った税務指導により、資産総額を1,000万円未満とした場合に免除されるはずであった2期分の消費税を支払うことになり、その額は、前記前提事実のとおり1,574万8,300円であることが認められる。（下線部筆者）」

　「被告らは、本件で損害となるのは、原告の設立から2期分の消費税であり、それは、平成15年2月17日から最初の決算日である同年3月31日までを第1期とし、同年4月1日から平成16年3月31日までを第2期とする間の消費税である旨主張する。しかし、（中略）本件契約の目的は節税であるから、甲が2期分の消費税が免税になる旨を理解していた場合、設立を平成15年4月1日として、平成16年3月31日までを第1期とするか、設立を平成15年2月17日としたとしても最初の決算日を平成16年2月16日とするなど、2年分の消費税を支払わなくて済むよう操作したであろうことが容易に推認でき、このような操作を妨げる法的規制もない。（下線部筆者）」

　「被告らは、損益相殺として、原告が前記消費税1,574万8,300円を経費計上し

た結果、平成15年及び平成16年当時の法定実効税率39.24パーセントに相当する部分の減税効果を享受しているから、当該部分を損益相殺すべき旨主張し、弁論の全趣旨によれば、原告は、前記消費税1,574万円を経費計上し、平成15年及び平成16年当時の法定実効税率39.24パーセントに相当する部分の減税効果を、欠損を繰り越すなどの方法により享受していることが認められる。これは、原告が損害を被ると同時に利益を与えられた場合に該当し、被告の債務不履行と相当因果関係に立つものといえるから、損害の算定に当たっては、損益相殺としてかかる減税部分を控除すべきこととなる。その額は、617万9,632円（中略）となり、これを控除した本件の損害は、956万8,668円である。」

[4] 本裁判例から学ぶこと

本件は個人立診療所を医療法人化するにあたり、顧問税理士が医療法人の資本金額が税務上の取扱いに及ぼす影響について十分な検討を行わなかったため、設立時から消費税の課税事業者となったことから納める必要のなかった消費税を納めることを余儀なくされた医師である納税者から、税理士が果たすべき節税に係る説明・指導義務に違反したとして損害賠償を求められた事案である。

消費税の納税義務に関しては、原則として、事業者のうち、その課税期間に係る基準期間における課税売上高が1,000万円以下である者については、その課税期間において免除されることとなる（消法9①）。しかし、新設法人のようにその事業年度の基準期間のない法人のうち、資本金等の金額が1,000万円以上である法人については、その事業年度から課税事業者となる（消法12の2①）。

当該規定は、消費税率が3％から5％に引き上げられた平成6年度の税制改正で導入され、平成9年4月1日以降に新設される法人について適用されている[20]。したがって、平成15年2月に設立された本件医療法人に関しても当該規

20　なお、専ら非課税資産の譲渡等を行うことを目的として設立された法人（社会福祉法人）は当該規定の適用対象から除外されている（消令25①）。医療法人の収入の大半が現

定の適用があり、資本金等の金額が1,000万円以上であれば、設立初年度から消費税の課税事業者となる。

本件医療法人は資産総額1億円超[21]で設立されているが、裁判所の認定した事実によれば、その理由として被告は、資産総額が1億円を超えると税務署の管轄ではなく国税局の管轄になり、国税局の管轄になると原告の規模の法人には税務調査が入りにくいとの理由であった旨を挙げている。これは評価が難しい回答である。

確かに、医療機関は一般に売上高・利益率とも高いことから、税務署所管法人の中では目立つ存在となる傾向にあり、税務調査対象として選定される可能性は小さくないと考えられる。一方で、国税局所管法人となれば、売上高・利益率とも突出することなく埋没し、税務調査対象として選定される可能性が小さくなるという想定は、あながち無理なものでもないだろう。

しかし、税務調査を受けるかどうかは、法人設立の際の資本金額設定に関する一考慮要素に過ぎず、すべてに優先されるものではない。資本金額設定によって納税義務が異なり、節税する余地があるのであれば、それについても提案するのが税理士の責任であろう。

そもそも原告による医療法人化の意図は節税目的であったわけであり、法人化による所得課税の増減だけでなく、消費税にも配意するのは税理士として当然果たすべき責任であったということになるだろう。

さらに、裁判所の認定した事実によれば、被告は原告から問い合わせに対し、原告が個人経営から法人成りしたため、消費税の免除の適用がない旨回答している。被告の説明の意味するところが、仮に、医療法人の設立初年度・2年度の基準期間が個人立診療所時代の課税売上高に該当するため、当該課税売

在消費税非課税である社会保険診療報酬であることを考慮すると、今後も議論される控除対象外消費税問題の動向にもよるが、社会福祉法人との取扱いの差異の合理性を議論する価値はあるものと思われる。なお、控除対象外消費税問題については、拙著『消費税の税率構造と仕入税額控除』（白桃書房・2015年）33-95頁参照。

21 本件医療法人が設立に当たり準拠したと想定される、平成16年8月改正前の病院会計準則では、資本の部に資本金を独立科目として表記していたが、改正後は純資産額として一括表記されることとなっている。

上高が1,000万円を超えていることから課税事業者となるということを意味するのであれば、それは誤指導であったということになる。

　法人の新規設立が減るばかりでなく新設法人の短期間での廃業が珍しくない昨今、税理士にとって顧問先の先細りが鮮明となっているが、医療機関は他の業種よりも比較的業績が安定しているため、特に新たに開業する税理士が有望なターゲットであるとして照準を定め参入するケースをよく耳にするところである。

　しかし、規制産業である医療業界は独特であり、また、その経営者である医師は人脈が豊富で権利意識が高い者も少なくないため、経験の浅い者が安易に飛び込むと、売上や利益率が高いことも相俟って、一つのミスで多額の損害賠償を請求される事態にもなりかねないところである。本件はそのことを想起させる事例となっている。

　本件は平成19年に施行された第5次医療法改正前の医療法人の設立事案であるが、現在は出資持分ありの医療法人の設立はできない。そのため、持分の財産性を重視する医師の場合、個人立の診療所をあえて医療法人化しないという「選択」をするケースもみられるところであるが、一方で、法人所得税の実効税率は低下傾向にあり[22]、所得税の最高税率（住民税を合わせて55%）との差を考慮すると、所得水準の高い個人立の診療所が法人化する税務上のメリットはむしろ大きくなっているといえる。

　本件から読み取れる、医療法人設立や顧客の法人成りに関し関与税理士が留意すべき事項を挙げれば以下のようになるだろう。

1 資本金等の金額

　本件は、医療法人の設立にあたり拠出した預金と車両・備品等の資産総額1億円超を全額資本金に計上したと考えられる。

　第5次医療法改正後に新たに設立可能な医療法人の場合、資本金の概念はなく、純資産の部に区分計上されるのは原則として基金（基金拠出型医療法人の

22　平成30年4月1日以降に開始する事業年度の法定実効税率は30.62%である。

場合）だけである[23]。そうなると、本件で問題となった新設法人に係る消費税の納税義務の特例（消法12の2①）の適用に係る、資本金の額又は出資の金額の1,000万円以上をどのように判定するのかが問題となるが、「出資の金額」は、医療法等の特別の法律により設立された法人で出資を受け入れることとしている当該法人に係る出資の金額が該当すると解されているため（消基通1-5-16）、持分の定めのない医療法人の場合、その金額はゼロとなる。

　本件の場合、設立時にアドバイスを求められた税理士は、消費税の納税義務に関する当該規定について十分検討し、資本金の額を1,000万円未満とするため拠出額の一部を負債（借入金等）に振り替えるといった提案をする必要があったのであるが、第5次医療法改正後に新たに設立可能な医療法人については、この点はもはや問題とはならないといえる。

　本件でも別途問題となっているが、設立時の資本金等の額が税務上の考慮事項となるその他の主たる項目は、住民税均等割と交際費であろう。

　住民税均等割は資本金等の金額により定まり、その金額が1,000万円以下の法人の場合道府県民税及び市町村民税を合わせて年額7万円である（従業者数50人以下の場合の標準税率、地法52①、312①）。ただし、持分の定めのない医療法人の場合、上記資本金等の金額はゼロであるため、その規模にかかわらず住民税均等割は道府県民税及び市町村民税を合わせて年額7万円である（地法52①ニ、312①ニ）。

　また、交際費の損金不算入規定であるが、期末資本金等の額が1億円以下の普通法人であれば、原則として800万円まで損金に算入される（措法61の4②）。持分の定めのない医療法人の場合には、上記期末資本金等の額は、総資産の帳簿価額から総負債の帳簿価額を控除し、当期利益又は欠損金額を加減算した金額の60％相当額となる（措令37の4一）。そのため、交際費の場合、設立当初はともかくとして、設立後時間が経ち利益が蓄積されてくると、損金算入

23　医療法人会計基準注解4参照。なお、持分の定めのある医療法人（経過措置型医療法人）が持分の定めのない医療法人に移行した場合、資本金等の額はゼロとなる（法令8①十四）。

規定の適用が受けられなく点を留意すべきであろう。

　このように、医療法人に関しては本件のような問題が生じることはほぼなくなったが、普通法人に関しては引き続き留意すべき事項であることに変わりはない。

　数年前に、経営不振に陥った大手電機メーカーが資本金等の金額を圧縮して中小法人に対する各種優遇措置の適用を受けることを検討していたことが話題となったが[24]、いずれにせよ税理士は、法人設立時の資本金の額をいくらに設定するのか顧客の意向を汲んで十分検討し、拠出額の一部を負債に振り替えるといった提案をする必要があるだろう。

2 設立のタイミング

　本件で裁判所が指摘した税理士が果たすべき責任の一つとして、医療法人の設立日ないし事業年度に対する配慮という点があったことが注目される。

　これは、被告の債務不履行に伴う損害賠償額を算定する際、新設法人に係る消費税の納税義務の特例（消法12の2①）の節税効果を最大化した場合の金額（2年分の消費税額）を算出しており、それを実現するため、裁判所は税理士に対し適切なアドバイスをすることを求めているものと推察されるところである。

　ややもすると、忙しさにかまけて設立日や事業年度を機械的に処理してしまいがちであるが、設立日一つをとっても、税理士は税務の専門家として顧客の望むこと（多くの場合は節税）を最大限に汲むようなアドバイスを行うよう心掛けないと、専門家責任を問われかねないのである。

24　平成27年5月9日付け朝日新聞。

Case 1-6 消費税法における事業の意義

[1] 事例の説明

　前述のとおり、消費税の基本的な課税要件は、1）事業性の有無、2）対価性の有無、及び3）資産の譲渡及び貸付け並びに役務の提供該当性の3点である。

　本件はこのうち、1）の事業性の有無と、事業性に関する消費税法と所得税法の相違点が争われた事例である（富山地裁平成15年5月21日判決・税資253号順号9349、TAINS Z253-9349）。

　本件は、原告が代表者を務めていたA有限会社に対して行っていた建物の賃貸（Aに対し、同社が工場等として使用する原告所有の工場、倉庫及び事務所各1棟合計3棟の建物を、その敷地も含め月額15万円で賃貸）につき、当該賃貸は消費税法上の「事業」に当たらないとして、消費税及び地方消費税に係る更正の請求を行ったが、被告・課税庁は、平成12年6月28日付けで更正をすべき理由がない旨の通知処分を行った。それに対し原告が当該処分の取消しを求めた事案である。

○　当初申告と更正の請求の内容

	当初申告	更正の請求
消費税の課税標準額	171万4,000円	0円
納付税額（国税）	3万4,200円	0円
納付税額（地方消費税）	8,500円	0円

　なお、個人事業主である原告の本件課税期間（平成10年1月1日から同年12月31日まで）の基準期間における課税売上高は5,391万3,483円であった。

[2] 本件の争点

　本件賃貸は、消費税法上の「事業」に当たるか否か。ことに所得税法におけ

る「事業」との相違点は何か。

[3] 裁判所の判断

「消費税法は、「事業」自体の一般的な定義規定は置いていない。そこで、その意義については、消費税法制定の趣旨・目的等に照らして解釈すべきである。（下線部筆者）」

「消費税法は、徴税技術上、納税義務者を物品の製造者や販売者、役務の提供者等としているものの、その性質は、その相手方である消費者の消費支出に着目したもので、これを提供する事業者の規模そのものは、消費税法が課税を意図する担税力と直ちに結びつくということはできない。しかも、消費税法は、個人事業者を含む小規模事業者につき、課税売上高を基準に免税点制度（消費税法9条1項）を設け、これと共に課税事業者選択制度（消費税法9条4項）を設けているが、これらの諸制度は、同法が個人事業者を含む事業者をその規模を問うことなく納税義務者として定めていることを前提とするものであるということができる。（下線部筆者）」

「これに対し、所得税とは、一般的に、担税力の現れとして、人が収入等を得ていることに着目し、収入等の形で新たに取得する経済的利得即ち所得を、直接対象として課されるものである。そして、所得税法は、利得をすべて課税対象たる所得とすることを前提に、その性質や発生の態様によってそれぞれの担税力の相違を加味する趣旨で、その源泉ないし性質に応じて、所得を10種類に分類した（所得税法23条ないし35条）。そこで、所得税法上の「事業」については、当該所得が事業所得に当たるか他の所得区分に当たるかを判断するにあたって、各所得区分間の担税力の相違を加味するとの上記所得税法の趣旨に照らし、解釈することになる。

そうすると、消費税法と所得税法とは、着目する担税力や課税対象を異とするものであるから、このような性質の異なる両法の規定中に同一文言があるからといって、直ちに、それを同一に解釈すべきであるということにはならない。また、前記のとおり、消費税法が、消費に広く負担を求めるという観点か

ら制定されたこと（税制改革法10条１項）に照らすと、その課税対象を、所得税法上の１課税区分を生じさせるに過ぎない「事業」の範囲における過程の消費について、限定的に定めたものということはできない。（下線部筆者）」

「以上説示したとおり、消費税の趣旨・目的に照らすと、消費税法の「事業」の意義内容は、所得税法上の「事業」概念と異なり、その規模を問わず、「反復・継続・独立して行われる」ものであるというべきである。

そこで、本件賃貸が、「事業」に当たるか否かについてみるに、前記前提となる事実によると、本件賃貸は、原告が、反復・継続・独立して、対価を得て行った資産の貸付けであるから、原告が、消費税法２条３号の「個人事業者」に、本件賃貸が消費税法２条８号の「資産の譲渡等」にそれぞれ該当する。

そうすると、原告が、本件賃貸が消費税法上の「事業」に当たらないとしてした消費税額等の更正請求につき、更正すべき理由がないとした本件通知処分に違法はない。（下線部筆者）」

なお、本件は納税者側が控訴したが棄却され（名古屋高裁金沢支部平成15年11月26日判決・税資253号順号9473、TAINS Z253-9473）、さらに上告したものの棄却されている（最高裁平成16年６月10日判決・税資254号順号9666、TAINS Z254-9666、確定）。

[4] 本裁判例から学ぶこと

本件は、消費税法における「事業」の意義について、所得税法における「事業」との比較で判断を下した裁判例として一定の意義があるものと考えられる。

本件が争われる前に、租税法において事業の意義が問題となったのは、専ら所得税法においてであった。そのリーディングケースは、以下の最高裁判決であろう（「弁護士顧問料事件」最高裁昭和56年４月24日判決・民集35巻３号672頁）。

「事業所得とは、自己の計算と危険において独立して営まれ、営利性、有償性を有し、かつ反復継続して遂行する意思と社会的地位とが客観的に認められる

業務から生ずる所得」をいう。

　また、課税実務において有名なものとして、不動産所得に関し、事業的規模かそうでないかの区分につき、いわゆる「５棟10室基準」（所基通26-9）により行ってきたことが挙げられるが、そのいずれに該当するかにより、青色申告特別控除額や事業専従者給与等の取扱いに顕著な差が出ることとなる。ここから、所得税法における「事業」の意義がその経済活動の規模に着目してなされるということがいえるであろう[25]。

　これに対し、本件裁判例においては、「事業」の意義について異なる税目で同義に解する必要はなく、それぞれの税目ごとの趣旨や目的等に沿って解すべきであるとしている。その上で消費税法は、「消費に広く負担を求めるという観点から制定された」ものであり、消費者の消費支出に担税力を認めたものであるから、当該消費対象の提供者の規模と担税力とは関係ないといえる[26]。そのため、「消費税の趣旨・目的に照らすと、消費税法の「事業」の意義内容は、所得税法上の「事業」概念と異なり、その規模を問わず、「反復・継続・独立して行われる」ものであるというべきである」と判示している。

　その結果、サラリーマンの副業程度であっても、不動産の貸付けが「反復・継続・独立」して行われていれば、消費税法上は「事業」として取り扱われることとなる。

　所得税と消費税における「事業」の意義の違いを理解する上で、本裁判例の判示は示唆に富むものと考えられる。

[25]　佐藤英明「消費税法における「事業」の意義」『最新租税判例60』（日本税務研究センター・2009年）171頁。
[26]　佐藤前掲注25評釈170-171頁。

第 **2** 章

課税標準及び
課税区分 の
判定誤り

1 消費税の課税標準

[1] 国内取引

　消費税の課税標準は、国内取引の場合、課税資産の譲渡等の対価の額である（消法28①）。

　ここでいう「対価の額」とは、対価として収受し、又は収受すべき一切の金銭又は金銭以外の物もしくは権利その他経済的な利益の額[1]を指す（消法28①カッコ書）。また、「収受すべき」金銭等の額とは、一般に当事者間の取引価格をいうものとされる（消基通10-1-1）。ただし、課税資産の譲渡等につき課されるべき消費税相当額及び地方消費税相当額は除かれ、税抜対価の額が課税標準となる[2]（消法28①カッコ書）。

　一方で、法人が資産をその役員に譲渡した場合の対価の額がその資産の譲渡のときの価額に比して著しく低いときは、その価額相当額を「対価の額」とみなすとされている（消法28①但書）。ここでいう「著しく低い」対価とは、概ね時価の2分の1に満たない額をいうと解されている[3]。

　個人事業者が棚卸資産又は事業用資産を家事のために消費・使用した場合には、消費・使用した時点における当該資産の価額（時価）相当額を対価の額とみなすこととされている（消法28③一）。

1　金銭以外の物もしくは権利その他経済的な利益の額とは、実質的に資産の譲渡等の対価と同様の経済的効果をもたらすものをいう（消基通10-1-3）。
2　一方、酒税、たばこ税といった個別消費税の税額は、税負担の転嫁が予定されており、対価の一部を構成すると考えられることから、消費税の課税標準に含まれる（消基通10-1-11）。輸入取引においても同様である。
3　金子宏『租税法（第二十三版）』（弘文堂・2019年）808頁。

[2] 輸入取引

　保税地域から引き取られる課税貨物に係る消費税の課税標準は、その貨物につき関税定率法第4条から4条の9までの規定に準じて算出した価格に、その貨物の保税地域からの引き取りにあたって課される個別消費税及び関税の額に相当する金額を加算した金額である（消法28④）。

[3] 消費税の税率

　消費税の税率は、令和元（2019）年10月以降、標準税率10％、軽減税率8％となっている。このうち、国税は標準税率が7.8％、軽減税率が6.24％で、差額分は地方税（地方消費税）となる（消法29、地法72の83）。

　これを図で示すと以下のとおりとなる。

○　消費税の税率の内訳

	標準税率	軽減税率
消費税率（国税）	7.8％	6.24％
地方消費税率	2.2％	1.76％
合計	10.0％	8.00％

2 消費税の課税期間

[1] 個人事業者

1 原則

　個人事業者の課税期間は原則として暦年（1月～12月）である（消法19①一）。

2 特例

　ただし、「消費税課税期間特例選択・変更届出書」を所轄税務署長に提出することで、課税期間を3か月ごと（消法19①三）又は1か月ごと（消法19①三の二）とすることができる。このような課税期間を短縮することが認められているのは、恒常的に輸出還付の生じる輸出業者等にとって、課税期間を一律に1年とすると、仕入れに係る消費税額が還付されるまで時間がかかり、その間の資金負担が重いためそれを軽減する意図があるものと解されている[4]。

　当該選択届出の効力は、原則として、届出書の提出があった日の属する課税期間の翌課税期間の初日以後に生ずることとされている（消法19②）。

　ただし、事業を開始した場合や相続があった場合には、届出書の提出があった日の属する課税期間の初日以後に生ずることとされている（消法19②カッコ書、消令41①一・二、消基通3-3-2）。

　なお、被相続人が提出した「消費税課税期間特例選択・変更届出書」の効力は相続人には及ばないため、事業を継続する相続人が引き続き適用を受けるためには、新たに当該届出書を提出する必要がある（消基通3-3-2）。

4　中里実・弘中聡浩・渕圭吾・伊藤剛志・吉村政穂編『租税法概説（第3版）』（有斐閣・2018年）229頁。

[2] 法人事業者

1 原則

　法人の課税期間は、原則として法人税法に規定する事業年度である（消法19
①二）。

　例えば、3月決算法人で事業年度が1年の場合、4月1日から翌年3月31日
となる。

2 特例

　原則は上記のとおりであるが、特例として、「消費税課税期間特例選択・変
更届出書」を所轄税務署長に提出することで、課税期間を3か月ごと（消法19
①四）又は1か月ごと（消法19①四の二）とすることができる。

　当該選択届出の効力は、原則として、届出書の提出があった日の属する課税
期間の翌課税期間の初日以後に生ずることとされている（消法19②）。

　ただし、新たに設立された法人の場合や合併により特例の適用を受けていた
被合併法人の事業を承継した場合、吸収分割により特例の適用を受けていた被
合併法人の事業を承継した場合には、届出書の提出があった日の属する課税期
間の初日以後に生ずることとされている（消法19②カッコ書、消令41①一・三・
四、消基通3-3-3、3-3-4）。

　なお、法人の場合も個人事業者の場合と同様に、被合併法人又は分割法人等
が提出した「消費税課税期間特例選択・変更届出書」の効力は合併法人又は分
割承継法人には及ばないため、その適用を引き続き受けるためには、新たに当
該届出書を提出する必要がある（消基通3-3-3、3-3-4）。

3 消費税の課税区分その1 ：課税取引

[1] 国内取引

消費税の課税対象は資産の譲渡等であり、これが所得課税のおける売上に相当するものと考えられる（課税売上、消法9②）。消費税法における課税売上高は、以下のとおり計算される（消法9②一、28①）。

$$
課税売上高 \ = \ \frac{課税資産の譲渡等の}{対価の額（税抜）} \ - \ \frac{売上に係る対価の返還等}{の額（税抜）}
$$

このような課税対象取引は、国内取引と輸入取引とに分けられる（消費地課税主義）。ここではまず国内取引についてみていく。なお、課税対象取引であっても課税の対象から除かれる「非課税取引（消法6①、別表第一）」があるが、これは後述 **4** でみていくこととする。

消費税法によれば、国内取引とは、国内（消費税の施行地域、消法2①一）において事業者が行った資産の譲渡等をいう（消法4①）。また、資産の譲渡等とは、事業として[5]対価を得て行われる資産の譲渡及び貸付[6]並びに役務（サービス）の提供を指す[7]（消法2①八）。

---

5 消費税法における「事業」は一般に、所得税法における「事業」よりも広く解されており、その規模を問わず反復・継続・独立して行われているものをいう（名古屋高裁金沢支部平成15年11月26日判決・税資253号順号9473頁）。例えば、所得税法上は不動産所得に該当するものであっても、消費税法上は事業に該当し消費税が課されるケースがある。個人事業者が消費者として行う取引（生活用資産の譲渡等）については、事業に該当しない（消基通5-1-1）。

6 資産の貸付には、資産に係る権利の設定その他他人に資産を使用させる一切の行為が含まれるが（消法2②）、具体的には、地上権又は地役権の設定、工業所有権に係る実施権もしくは使用権又は著作権に係る出版権の設定がそれに該当する（消基通5-4-1）。

7 なお、資産の譲渡等には、代物弁済による資産の譲渡その他対価を得て行われる資産の

なお、資産の譲渡等には非課税取引（消法6①、別表第一）も含まれ、資産の譲渡等から非課税取引を除いたものを課税資産の譲渡等という（消法2①九）。これを算式で示すと以下のとおりとなる。

> 課税資産の譲渡等　＝　資産の譲渡等　－　非課税取引

　国内取引に関する論点として、取引が国内で行われたかどうかの判定基準がある。

　資産の譲渡・貸付については、原則として、譲渡・貸付が行われたときに当該資産が所在していた場所を基準に判定することとなる（消法4③一）。したがって、国外において購入した資産を国内に搬入することなく譲渡した場合には、当該取引が国内の事業者間で行なわれた場合であっても、課税対象とはならない（消基通5-7-1）。

　また、国内にある資産を国外に譲渡することとなる輸出取引も、消費税法上国内取引ということになる（ただし輸出免税とされる。輸出免税については後述【4】参照）。

　例外として、船舶・航空機・特許権等の無体財産権といった一定の資産については、資産の譲渡・貸付が行われたときにおける登録機関の所在地その他一定の場所を基準とすることとなっている（消法4③一カッコ書、消令6①）。

　役務の提供については、原則として、役務の提供が行われた場所を基準に判定する（消法4③二）。したがって、日本人プロゴルファーが全米オープンで賞金を得た場合、国外取引（課税対象外取引）となり消費税は課されない。

　ただし、運輸・通信等、役務の提供が国内及び国外にまたがってなされるものについては、出発地・発送地又は到着地（国際運輸の場合）、差出地又は配達地（国際郵便の場合）等、一定の場所を基準として判定することとされている（消法4③二カッコ書、消令6②、なお平成27年度税制改正で電気通信利用役務の提

譲渡もしくは貸付又は役務の提供に類する行為として政令で定めるもの（負担付贈与による資産の譲渡、金銭以外の資産の出資等）も含まれる、とされている（消法2①八、消令2）。

供の取扱いが定められた。後述【2】参照）。

なお、国内取引に該当しても、その資産が輸出され、又はその役務の提供が国外で行われる場合には、当該取引に対する消費税は免除される（輸出免税、消法7、後述【4】参照）。

【2】輸入取引

輸入取引の課税対象は、保税地域（指定保税地域、保税蔵置場、保税工場、保税展示場及び総合保税地域の5種、関法29）から引き取られる外国貨物である（消法4②）。

ここでいう外国貨物とは、輸出の許可を得た貨物及び外国から本邦に到着した貨物で輸入が許可される前のものをいう（消法2①十、関法2①三）。

外国貨物が消費税の課税の対象とされているのは、それがわが国の国内で消費されることとなることから、国内で製造・販売される物品（消費税の課税対象）との間の競争条件を等しくするためであると解される[8]。

外国貨物の引き取りに関しては、それが事業として行われているか、また、対価を得て行われているかを問わず課税される。すなわち、個人輸入の場合も消費税が課されることとなる[9]。

これも、国内において無償で取引される物品でも、その無償譲渡までの製造や流通の段階で消費税が課されており、輸入品に対して課税しないとこのような国産品との間でバランスが取れないからだと考えられる。

また、無償でなされた外国貨物の引き取りの場合、消費税の課税標準は、関税が課税されるとした場合の課税標準に準じて計算することとなる（消法28④、関率法4～4の9）。

なお、輸入取引の場合、特許権等の無体財産権の外国からの導入は、保税地

8　金子前掲注3書797頁。輸入取引が課税されるのはわが国の消費税法が仕向地主義を採用しているからである。

9　ただし、課税価格の合計額が1万円以下の物品の輸入に関しては関税及び消費税が免除される（関率法14十八、輸入品に対する内国消費税の徴収等に関する法律13①一）。

域からの外国貨物の引き取りには当たらないため、課税の対象とはならない[10]。

さらに、海外企業が日本国内で電子書籍等を販売する際、従来の税法では消費税が課税されなかったが、国内企業との公平性を担保する観点から、平成27年度税制改正で、国外事業者からの当該サービスの提供についても国内で行われたものとして、消費税の課税対象となった（消法2①八の三、4③三）。

[3] 課税対象外取引

消費税の課税対象となる取引は、ア．事業として行われる取引であり、かつ、イ．対価を得て行われる取引に限られる（消法2①八）。消費税の課税対象となる取引が事業上のものに限定される理由は、一般に、「事業」として行われた取引でなければ付加価値は生じないという考え方に立脚しているものと考えられる[11]。

また、事業外の取引、例えば、個人が自己の所有する書籍を友人に譲渡するといった行為が消費税の課税の対象とされていないのは、一般に、それに対して課税しても課税庁が当該取引を把握することは困難であり、かつ、税収を十分上げることが見込めないという執行上の理由であると考えられる[12]。さらに、国外において行う取引（外・外取引）も消費税の課税対象とはならない。

このように、消費税の課税対象とならない取引を一般に、課税対象外取引（out of scope）又は不課税取引という。

消費税の課税対象となる取引は、「対価を得て」行われた取引である（有償取引課税の原則[13]）が、対価を得て行われる資産の譲渡及び貸付並びに役務の提供とは、実務上、資産の譲渡等に対して反対給付を受けることをいい、無償に

10　無体財産権（複製権を除く）の使用に伴う対価の支払いが外国貨物の輸入取引の条件となっている場合には、当該対価は関税の課税価格に含めることとなる（消基通5-6-3）。
11　水野忠恒『大系租税法（第2版）』（中央経済社・2018年）925頁。
12　金子前掲注3書792-793頁。
13　山本守之「課税対象取引と課税対象外取引」『日税研論集』（日本税務研究センター・1995年）30号138頁。

よる資産の譲渡及び貸付並びに役務の提供は、資産の譲渡等に該当しないと解されている（消基通5-1-2）。

対価性に関しては、損害賠償金のうち、心身又は資産について加えられた損害の発生に伴い受ける金銭は、損害の回復に充てられることから資産の譲渡等の対価に該当しないが、以下のような逸失利益に代わるものは、その実質が資産の譲渡等の対価に該当するものと認められることから、資産の譲渡等の対価に該当すると取り扱われる（消基通5-2-5）。

① 損害を受けた棚卸資産等が加害者に引き渡される場合で、その棚卸資産等がそのまま又は軽微な修理を加えることで使用できるときの損害賠償金
② 無体財産権の侵害を受けた場合、加害者から権利者が受ける損害賠償金
③ 不動産等の明け渡しの遅滞により加害者から賃貸人が受ける損害賠償金

さらに、補償金の対価性に関しては、対価補償金に該当するかどうかが問題となり得る（消令2②、消基通5-2-10）。

通達によれば、譲渡があったとみなされる収用の目的となった所有権その他の権利の対価である補償金（対価補償金）が対価に該当する。そのため、以下の補償金は反対給付ではなく対価性はないと考えられることから、消費税の課税対象としての対価補償金には該当しない。

① 事業について減少することとなる収益又は生ずることとなる損失の補てんに充てられるものとして受ける補償金
② 休廃業等により生ずる事業上の費用の補てん又は収用等による譲渡の目的となった資産以外の資産について実現した損失の補てんに充てるものとして受ける補償金
③ 資産の移転に要する費用の補てんに充てるものとして受ける補償金
④ その他対価補償金としての実質を有しない補償金

[4] 輸出免税・ゼロ税率

資産の譲渡や役務の提供が国内取引に該当する場合であっても、その資産が輸出され、又はその役務の提供が国外で行われる場合には、当該取引に対する

消費税は免除される（消法7）。これを輸出免税という。

　ここでいう「輸出」とは、判例では、内国貨物を外国に向けて送り出すことであり（関法2①二）、貨物を外国に仕向けられた船舶又は航空機に積み込むことであるから、動産の売買取引において、外国に仕向けられた船舶又は航空機への積込みによって目的物の引渡しが行われる場合には、当該売買取引は、その要素に輸出行為を含む取引として、「本邦からの輸出として行われる資産の譲渡」に該当するものというべきである、とされた（東京地裁平成18年11月9日判決・税資256号309頁）。

　また、「免税」の意味するところは、資産の譲渡や役務の提供を単に課税の対象から除外する（非課税）のみではなく、その仕入れに含まれていた税額（仕入税額）を控除し、控除しきれない分を還付して、当該取引に関する税負担をゼロにすることにある[14]。したがって、免税は「ゼロ税率（zero-rated）」による課税と考えるのがより実態に即した呼称であるといえる。

　さらに、免税取引の金額は「課税売上高」には算入されるが非課税取引の金額には算入されないという点でも異なる。

　消費税法によれば、輸出免税の対象となる取引（輸出取引等）は概ね以下の表のとおりとなる。

○　輸出取引等の例示

輸出取引	①	輸出取引としての資産の譲渡又は貸付け（消法7①一）
	②	外国貨物の譲渡又は貸付け（消法7①二）
輸出類似取引	③	国内と国外との間の旅客及び貨物の輸送（国際運送）（消法7①三）
	④	国内と国外との間の通信又は郵便（消法7①三、消令17②五）
	⑤	国際運送の用に供される船舶又は航空機の譲渡・貸付け又は修理（消法7①四、消令17①）
	⑥	非居住者に対する無体財産権等の譲渡又は貸付け（消令17②六）
	⑦	特定輸出貨物の保税地域間の運送（消令17②四）

14　非課税の場合、対応する仕入れに係る仕入税額控除もできないこととなるため、免税ないしゼロ税率の方が事業者の税負担の観点からいえば有利な取扱いといえる。

4 消費税の課税区分その2 ：非課税取引

　わが国の消費税の課税ベースは導入時の「広く、薄く[15]」のスローガンに表されているように包括的ではあるが、国内取引においても、輸入取引においても、一定の範囲の資産の譲渡等ないし外国貨物が課税の対象から除かれている。これを非課税取引[16]という。

　非課税取引については、以下の表のように、ア．特別の政策的配慮に基づくものと、イ．その性質上消費税になじまないと説明されるものとに分けられる（消法6①、別表第一）[17]。

○　非課税取引の例示

ア．特別の政策的配慮に基づくもの	①	公的な医療保障制度に基づく療養・医療等
	②	社会福祉・更生保護事業
	③	助産
	④	埋葬料・火葬料
	⑤	身体障害者用物品の譲渡等
	⑥	一定の学校の授業料・入学金等
	⑦	教科用図書
	⑧	住宅の貸付
イ．その性質上消費税になじまないもの	⑨	土地の譲渡・貸付
	⑩	有価証券・支払手段等の譲渡
	⑪	金融・保険取引[18]
	⑫	郵便局株式会社等が行う郵便切手・印紙・証紙等の譲渡
	⑬	物品切手（商品券・プリペイドカード等）の譲渡
	⑭	国・地方公共団体等が法令に基づき行う役務等の手数料
	⑮	外国為替業務等に係る役務の提供等

保税地域から引き取られる外国貨物のうち、上記⑤、⑦、⑩、⑫及び⑬は、国内における非課税取引とのバランスを図るため、非課税とされている（消法6②、別表第二）。

　なお、非課税の場合は前述 **3** **[4]** の（輸出）免税の場合と異なり、当該取引に係る売上が課税の対象から除かれるだけで、仕入税額控除は認められないことが重要であり、注意を要する[19]。

15　昭和63年4月の政府税制調査会の「税制改革についての中間答申」では、「これからの税制を考えるに当たっては、消費を基準として広く薄く負担を求める間接税の役割について、より積極的に評価することが必要である。」と指摘されており、当時の竹下首相もよくこのフレーズを用いていた。

16　非課税取引が制限されているのは、帳簿方式の採用により、課税・非課税が複雑だと帳簿での整理が困難であることもその理由であるという指摘もある。大島隆夫＝木村剛志『消費税の考え方・読み方（二訂版）』（税務経理協会、平成9年）34頁参照。

17　金子宏「総論―消費税制度の基本的問題点」『日税研論集』（日本税務研究センター・1995年）30号4-8頁参照。

18　金融取引は、例えば、銀行の収益源であるスプレッド（貸出金利と預金金利との差）については、①金銭の時間的価値（time value of money）、②リスクプレミアム、③銀行の手数料相当額とで構成されていると考えられるが、このうち手数料相当額は消費税の課税対象とすることは理論的には可能である。しかし、執行の簡便さ（スプレッドのうち手数料相当額はどの程度なのか算定が困難）を重視して非課税としていると解される。中里実『キャッシュフロー・リスク・課税』（有斐閣・1999年）21-31頁参照。

19　これについては、病院等における消費税の「損税」（控除対象外消費税）の問題として議論になっている。この点については、拙著『消費税の税率構造と仕入税額控除』（白桃書房・2015年）第2章参照。

Case 2-1 パチンコ景品交換業務の課税区分

[1] 事例の説明

　パチンコ景品交換業務に係る消費税の課税区分が争われた裁決事例がある（国税不服審判所平成10年7月7日裁決・裁事56集411頁）。

　当該裁決事例をみる前に、そもそもパチンコ景品交換業務というものが生じる背景を確認しておく。

　まず重要なのは、風営法上、パチンコ店は現金を賞品として提供することができないという点である（風営法23①一）。またパチンコ店が、客に提供した賞品（景品）を買い取ることも禁じられている（同法23①二）。いずれも刑法の賭博罪（185条）に触れる可能性があるからである。しかし、実際には客はパチンコ店での出玉に応じた金銭を得ている。なぜなら、それを可能にする「三店方式」という仕組みが存在するからである。

　パチンコをする人のほとんどは、出玉を「特殊景品」と呼ばれる景品に交換する。そして、当該特殊景品（シャープペンシルやコーヒー豆、最近は金地金など）をパチンコ店のすぐそばにあるパチンコ景品交換所で現金に交換、すなわち買い取ってもらっている。パチンコ景品交換所は、パチンコ客から買い取った特殊景品を景品問屋（景品回収業者）に売り、景品問屋は、その特殊景品をパチンコ店に売る。

　このように、特殊景品を転々と移転・循環させることにより客に現金を提供するシステムを、俗に「三店方式」と呼んでいる。

　裁決事例に戻ると、納税者（請求人）は、パチンコ景品交換業を営む者で

○ 三店方式とパチンコ景品交換業

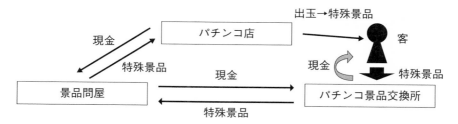

あったが、平成6年1月1日から平成6年12月31日までの課税期間（本件課税期間）の消費税について、確定申告書に以下の表の「確定申告」欄のとおり記載して、平成7年12月14日に申告した。

これに対し税務署長は、平成7年12月26日付けで本件課税期間の消費税について、無申告加算税の額を72,000円とする賦課決定処分をした。

その後、請求人は、平成8年3月13日に課税標準額及び納付すべき税額を以下の表の「更正の請求」欄のとおりとすべき旨の更正の請求をした。

○ 本件の申告等の状況

	確定申告	更正の請求
課税標準額	3,732,320,000円	0円
納付すべき税額	487,200円	0円

税務署長は、これに対し、平成8年6月28日付けで更正をすべき理由がない旨の通知処分をしたが、請求人は、この処分を不服として、平成8年8月15日に異議申立てをしたところ、異議審理庁は、同年11月22日付けで棄却の異議決定をした。

請求人は、異議決定を経た後の原処分に不服があるとして、平成8年12月24日に審査請求をした。

[2] 本件の争点

請求人と景品回収業者との間の特殊景品に係る取引について、消費税法第6

条（非課税）を類推適用して非課税取引として認めるべきか否か。

[3] 審判所の判断

「本件景品は、パチンコ店が遊技客に提供するパチンコの景品であるが、パチンコ店が、遊技客に提供した景品を直接換金したり又は遊技客から景品を直接買い戻すことは、風俗営業等の規制及び業務の適正化等に関する法律第23条《遊技場営業者の禁止行為》第1項の規定により禁止されていることから、本件の取引関係においては、上記法令に違反しないようにするため、（中略）、パチンコ店、景品の卸売業者（問屋）であるY社（平成5年2月以前はG社）及び請求人の3者（平成6年2月以後は、Y社と請求人との間にSが介入し4者）間で、口頭による契約を結び、本件景品に係る取引を継続的に行っていたものであると認められる。

この本件景品の取引価格については、（中略）、S又はY社等からの一方的な取り決めではなく、請求人を含め取引の当事者間で口頭により取り決めていたものであることが認められ、また、（中略）、当該口頭契約における本件景品に係る取引内容は、請求人は、自らの資金で、パチンコ店が遊技客に提供した本件景品をあらかじめ当事者間で取り決めていた価格で買い取り、Sは、請求人から、その本件景品を遊技客からの買取価格100円当たり100.6円の価格で買い取った上、Y社へ100.8円の価格で売り渡し、Y社は101円の価格でパチンコ店へ売り渡す（平成6年1月以前は、Y社等が請求人から100.6円の価格で買い取り、101円の価格でパチンコ店へ売り渡す）ものであると認められる。

そして、実際の取引においては、（中略）、請求人は、遊技客から買い取った本件景品を、S又はY社等に代わり、Y社等の卸売取引として納品書を作成した上直接パチンコ店へ納品し、その際本件景品の代金を預かり、その代金のうち請求人がS又はY社等から契約上受け取ることになっている代金を収受して、その収受した代金を遊技客からの交換資金等として運用していたことが認められ、また、（中略）、本件交換所はすべて請求人の責任によって営まれていたものと認められる。

以上のことから、請求人を含めた関係者間においては、本件景品はあらかじ
め取り決めた価格によりお互いが取引する商品としての価値を有するものとし
て認識され、本件景品に係る売買取引を継続的に行っていたものであるとみる
のが相当であり、請求人は、Ｓ又はＹ社等からは独立した事業者として、自
己の名と責任において遊技客から本件景品を買い取り、自己の名と責任におい
て本件景品を販売しているものとみるのが相当である。

　<u>したがって、請求人が行っている本件取引（平成６年１月以前のＹ社等と
の取引を含む。以下同じ。）は本件景品の販売行為そのものであり、Ｓ又はＹ
社等への本件景品の譲渡は、販売を目的とした商品そのものの譲渡であると認
められる。</u>（下線部筆者）」

　「以上のとおり、本件景品は、パチンコ店が遊技客に景品として提供するた
めに、景品交換業者及び景品卸売業者（問屋）等を流通する商品そのものであ
り、遊技客から買い入れた商品である本件景品の譲渡が、消費税法別表第一に
規定する非課税とされる資産の譲渡等に当たらないことは（中略）明らかであ
るから、本件取引は非課税取引には該当しないものである。」

　「消費税は、生産流通過程を経て事業者から消費者に提供されるという財
貨、サービスの流れに着目して、事業者の売上げを課税対象とすることによ
り、間接的に消費に税負担を求めるものであり、消費税が課税される取引は、
原則として国内におけるすべての財貨、サービスの販売、提供及び貨物の輸入
であるが、これらの財貨、サービスの中には、消費税が消費に対して負担を求
める税としての性格上、本来課税の対象とすることになじまないものや社会政
策上課税することが適当でないものがあり、消費税法上これらのものについて
は消費税を課さないこととされており、（中略）、消費税法別表第一は、課税の
対象とすることになじまない性格のものとして、有価証券その他これに類する
もの、支払手段及び物品切手等を規定している。

　<u>本件の場合、（中略）、本件取引は商品である本件景品の販売行為そのもので
あり、消費税法別表第一に掲げられている課税の対象とすることになじまない
性質の資産の譲渡等とはその性質が異なるものであって、これらに該当しない</u>

ことは明らかであるから、本件取引について消費税法第6条第1項の規定を類推適用する余地はないというべきである。（下線部筆者）」

[4] 本裁決事例から学ぶこと

　パチンコに関するいわゆる「三店方式」は、刑法の賭博罪を回避するために編み出された取引手法であるが、その取引を私法に当てはめると、通常の販売契約に基づく取引と解するのが妥当である。そうなると、消費税は通常通り課税されることとなる。

　一方で、その経済的実質は、請求人が主張するとおり、「この金銭の請求権を表示するものとして提供される本件景品は、初めから消費を目的としたものではなく、単に金銭の請求権の存在を証明するためのものにすぎず、本件景品は、消費税法（平成6年法律第109号による改正前のもの。以下同じ。）別表第一に掲げられている消費税が非課税とされるもののうち、例えば、有価証券に類するもの、支払指図、金銭債権の譲渡又は物品切手に類するものなどとその経済的効用は全く同一であり、ただ、風俗営業等の規制及び業務の適正化等に関する法律の規定により、パチンコ店が現金又は有価証券を賞品として提供すること及び遊技客に提供した賞品を買い取ることが禁止されているため本件景品に身代わりさせているにすぎず（下線部筆者）」という側面があることも頭から否定できるものでもない。

　しかし、消費税法の文理解釈上、当該「金銭の請求権」ともいうべきものは、非課税とされるものとして列挙されているもののいずれにも該当するものではない。

　また、消費税が非課税となる項目は、前掲 **4** でみたとおりその立法趣旨に照らせば、ア．特別の政策的配慮に基づくもの、又は、イ．その性質上消費税になじまないもの、のいずれかに該当するものであり、刑法の賭博罪を回避する目的で行っている取引から生じる「金銭の請求権」類似のものを、上記ア又はイに該当すると解する余地は乏しいものと考えられる。したがって、消費税法の類推解釈も困難であると言わざるを得ない。

消費税に限らず税法は、租税法律主義に基づく文理解釈が原則であり、類推解釈可能な領域は非常に限定的であることを肝に銘じるべきであろう[20]。

Case 2-2 カーレースへの参加企画に係る役務提供

[1] 事例の説明

カーレース（アメリカを中心に開催されるインディレーシングリーグ）への参戦及びその企画運営を行う原告が、各スポンサー企業との間のスポンサー契約における役務提供地が国外であり、それにより発生する契約金が国外売上であって課税対象となる売上に該当しないことを理由として、課税庁による更正処分の取消しを求めた裁判例がある（東京地裁平成22年10月13日判決・訟月57巻2号549頁、確定）。

資産の譲渡・貸付については、原則として、譲渡・貸付が行われたときに資産が所在していた場所を基準として、内外の判定を行う（消法4③一）。本裁判例は、役務の提供に係る内外判定が問われた事案である。

[2] 本件の争点

本件各スポンサー契約に基づいて原告が行った役務の提供は、消費税法上、課税対象外取引（不課税取引）に該当するのか（消費税法4条3項2号、消費税法施行令6条2項7号（現6号）の適用の有無）。

[3] 裁判所の判断

「以上の事実によれば、インディーは、開催レースごとに順位が付されるものの、その一方で、1年間に行われた各レースの成績を通算し、ドライバーやチームの成績が決められる仕組みとされており、ドライバーやチームのスポン

20　金子前掲注3書123-124頁。

サーとしては、個々のレースの成績のみならず、その通算成績に応じた宣伝効果を期待することができる（中略）。そして、Bとのスポンサー契約においては、原告の義務内容として、年間全16戦ないし17戦行われる各レースへの参戦のみならず、H社と本件オペレーション契約を締結してレースに参戦するチームを運営すること、ドライバーの管理及びマネジメント業務やドライバー等の肖像権をBが無償で使用することの許諾等が明記され、これら義務が約1年間（中略）にわたって継続する内容とされており、出資者が期待を寄せる宣伝効果がより高くかつレース参戦時以外においても持続するような義務内容とされており、原告が負担する役務の内容も年16回ないし17回の個々のレースへの参戦に尽きるとはいい難いものとなっている（中略）。」

「他方、Bとのスポンサー契約において原告が負担する役務の対価としてBが支出する契約金は、平成15年分及び平成16年分には各470万米ドル、平成17年分には493万500米ドルとされているところ、いずれも総額が記されるにとどまり、個々のレース参戦に応じた契約金・支払とはされていない上、その支払方法はいずれの年度も不均等額による9回払とされており、年間のレース数やスケジュールとの個別的な対応を見いだすことはできない（中略）。そして、上記のとおりBとのスポンサー契約は、毎年、12月31日までの約1年間の有効期間（中略）が設けられ、契約金もその期間を前提として定められている。加えて、契約の更新についても、前年の6月から10月までの間にBが申し出ることによって翌年の1年間の契約の更新がされる内容とされている。」

「加えて、原告とBとの間において、Bとのスポンサー契約が締結されるまでには、インディーに参戦すること及び年間を通じて必要とされる参戦費が決められ、後記Cが負担する額を控除した残額をBが負担するものとされて契約金が決められたという経緯があり、各年における個々のレース参戦における原告の役務内容やそれに対するBの経済的評価等の存在をうかがうことはできない。レースの回数が増減した場合に、契約金の総額から1レース当たり9.8万米ドルを増額し又は減額する旨の約定はあるが、そのことによって個々のレースごとに役務提供の対価が定められているということができないこと

は、後記（中略）において説示するとおりである。」

「そうであるとすれば、Bとのスポンサー契約において原告が負担した役務の提供は各年の個々のレース参戦に限定されていると評価することは到底できず、上記のとおりドライバーの管理及びマネジメント業務やドライバー等の肖像権のBによる無償使用等にわたるものと解するべきであり、各年における16戦ないし17戦のレース参戦と上記のその余の役務提供に対し、一括して470万米ドル又は493万500米ドルの契約金が定められたものといえ、もとより、これら原告が受領する対価が、国内を提供場所とする役務の対価と国内以外の場所を提供場所とする役務の対価とに合理的に区別できるとも解されない。（下線部筆者）」

「したがって、原告がBとのスポンサー契約において負担した上記役務の提供は、その全体が各年の契約金を対価としているものと認められ、その対価の額が国内の役務に対応するものと国内以外の地域の役務に対応するものとに合理的に区別されていない（仮にレース参戦の点だけからみるとしても、その役務の提供自体が国内及び国内以外の地域にわたって行われるものであるだけでなく、その対価の額が国内の役務に対応するものと国内以外の地域の役務に対応するものとに合理的に区別されているとはいえない。）から、「国内及び国内以外の地域にわたって行われる役務の提供」（消費税法施行令6条2項7号）に当たる。（下線部筆者）」

「そうすると、原告とBとのスポンサー契約において原告の役務の提供に係る事務所等の所在地（消費税法施行令6条2項7号）が国内にあるか否かにより課税対象該当性の有無が判断される。そして、同号にいう「事務所等」とは、役務の提供に直接関連する事業活動を行う施設をいうものと解され、その所在地をもって、役務の提供場所に代わる課税対象となるか否かの管轄の基準としている趣旨からすれば、当該役務の提供の管理・支配を行うことを前提とした事務所等がこれに当たると解されるというべきである。しかるに、（中略）Bとのスポンサー契約において原告が負担した役務の提供はレース参戦に尽きるものではなく、ドライバーの管理及びマネジメント業務、ドライバー等の肖

像権の無償使用等にわたるものであるところ、原告は、（中略）国内に本店事務所、カート事務所及びN工場を有する一方、レースについてはアメリカのH社とのレースオペレーション契約（中略）に基づいて専ら同社により行われていることから、原告の上記役務の提供に係る事務所等に当たるのは原告の本店事務所であると認められる（中略）。したがって、原告がBとのスポンサー契約（ママ）よって行った役務の提供に係る事務所等の所在地は日本国内であると認められる。（下線部筆者）」

「よって、原告とBとの間に締結されたスポンサー契約において原告が負担する役務の提供であるインディー参戦等は、国内及び国内以外の地域にわたって行われる役務の提供に当たり、その役務の提供を行う者の役務の提供に係る事務所等は、いずれも日本国内に存在すると認められるから、上記役務の提供は、国内において事業者が行った資産の譲渡等に当たり、消費税の課税対象となる。（下線部筆者）」

[4] 本裁判例から学ぶこと

　役務の提供に関しては、原則として、役務の提供が行われた場所を基準として国内で行われたかどうかを判断する（消法4③二）。また、「役務の提供が行われた場所が明らかでないもの」については、役務の提供を行う者の事務所等の所在地を基準に判断されることとなる（消令6②六）。本裁判例は、当該規定が適用された事案であるといえる。

　役務の提供が国内及び国内以外の両方で行われている場合において、その対価を一括して受領した場合で、役務の提供が国内の事務所を通じて行われた場合であっても、直ちに全額国内取引とされるとは限らない。

　すなわち、納税者が客観的資料及び合理的配分基準に基づいて、対価のうち国内以外における役務の提供に対する部分を明らかにした場合には、その部分は「国外取引」であるとして、消費税の課税の対象から除外されると解されている[21]。

　ただし、この場合は、「役務の提供が行われた場所が明らかでないもの」で

○　役務の提供が国内及び国内以外の両方で行われている場合

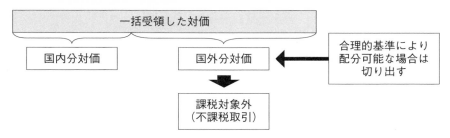

はなく、その場所が何らかの基準で確定できるケースであり、本裁判例とは異なることに留意すべきである。

Case 2-3　宗教法人が収受する墓石等の永代使用料及び管理料の課税区分

[1]　事例の説明

　宗教法人である原告は、平成16年1月1日から平成18年12月31日までの各事業年度において、その経営する霊園の墓地等の使用者から永代使用料等として収受した金員について、収益事業による収入には当たらないものとして会計処理をし、本件各事業年度の法人税並びに消費税及び地方消費税につき、確定申告をした。

　これに対し、税務署長は、①永代使用料のうちの墓石及びカロート（一般には、お墓の地下にある遺骨を安置する場所を指すが、本件においては、これを含む墳墓の基礎部分全体を称することとする）に係る部分は、法人税法上の収益事業による所得に該当するなどとして、原告に対し、本件各事業年度における法人税についての各更正処分及び過少申告加算税の各賦課決定処分をし、②永代使用料のうちの上記の墓石及びカロートに係る部分や、墳墓地、御廟及び納骨堂の管理費は、消費税等の課税対象となるとして、本件各課税期間における消費

21　金子前掲注3書794頁。

税等の各更正処分及び過少申告加算税の各賦課決定処分をした。

　本件は、原告が、被告が課税対象とした上記各部分は、いずれも課税対象にはならないと主張し、本件各更正処分等の取消しを求める事案である（東京地裁平成24年1月24日判決・判時2147号44頁、TAINS Z262-11859）。

　なお、本件については上記のとおり法人税の取扱いも争点となっているが、本書では消費税の取扱いに焦点を当てて検討する。

[2] 本件の争点

　墓石及びカロートの販売が原告の事業として対価を得て行われる資産の譲渡に該当し、消費税法第2条第1項第8号にいう「資産の譲渡等」に該当するか。

　また、原告が使用者から永代使用料とは別に受けている有期管理料の支払いや、遺骨を永代供養するための御廟の永代管理料としての支払い、遺骨を一時的に安置するための納骨堂の年間管理費としての支払いについても、役務の提供の対価と認められ、原告の各事業年度の消費税の課税標準に含まれるべきものであるのか。

[3] 裁判所の判断

■ 墓石及びカロートの販売

　「本件永代使用契約に係る事業は、土地部分の貸付けに係る事業と墓石及びカロートの販売に係る事業からなるところ、<u>墓石及びカロートの販売が原告の事業として対価を得て行われる資産の譲渡であり、消費税法2条1項8号にいう「資産の譲渡等」に該当する</u>ことは明らかであって、同法別表第一に掲げる取引のいずれにも当たらないから、本件永代使用料収入のうち、墓石及びカロートの販売の対価に相当する部分は、原告の各事業年度の消費税の課税標準に含まれるべきものであると認められる。（下線部筆者）」

　「これに対し、原告は、法人税法等が宗教法人が行う墳墓地の貸付業に係る収入について、課税対象の所得から除外しているのは、宗教的色彩のある霊園事業について利用者が支払う対価は奉納金であり、土地の対価ではないからで

あり、消費税においても、本件永代使用料は対価性を欠くなどと主張する。しかし、本件永代使用料のうち墓石及びカロートに係る部分は、墳墓地の貸付業に係る収入とはいえないことは（中略）のとおりである上、法人税法が墳墓地の貸付業に係る収入を非課税としている趣旨も前記（中略）のとおりであって、対価性を有しないためではないのであるから、仮に、本件永代使用料が全体として墳墓地の貸付業による所得であったとしても、そのことのみによって、直ちに消費税の課税対象とならないものではなく、原告の上記主張は失当である。確かに、本件永代使用料収入のうち、墓地の貸付けに係る部分は、消費税の課税対象とならないが、これは、法人税法にいう墳墓地の貸付けに該当するからではなく、消費税法別表第一の一に定める土地の貸付けに該当し、同法6条1項により消費税の課税対象とはならないからにすぎない。（下線部筆者）」

2 有期管理料

「原告は、使用者から、本件永代使用料とは別に有期の管理料として本件有期管理料の支払を受けているところ、これは、本件使用規定5条からも明らかなように、霊園の維持管理に関する費用として支払を受けているものであって、使用者が本件霊園を使用する便益のための役務の提供の対価であると認められ、社会通念上役務の提供の対価と認めるのが相当であって、消費税法別表第一に掲げる取引のいずれにも当たらないから、これらは、原告の各事業年度の消費税の課税標準に含まれるべきものであると認められる。（下線部筆者）」

3 遺骨を永代供養するための御廟の永代管理料及び遺骨を一時的に安置するための納骨堂の年間管理費

「原告は、遺骨を永代供養するための御廟の永代管理料として10万円の支払を、遺骨を一時的に安置するための納骨堂の年間管理費として毎年1万円の支払を、それぞれの使用者から受けているところ、これらは、御廟や納骨堂の使用料そのもの（御廟につき30万円、納骨堂につき50万円）や永代供養料とは別途支払われるもので、御廟や納骨堂を維持管理するための対価と認められ、社会通念上役務の提供の対価と認めるのが相当であって、消費税法別表第一に掲

げる取引のいずれにも当たらないから、これらは、原告の各事業年度の消費税の課税標準に含まれるべきものであると認められる。（下線部筆者）」

「これに対し、原告は、御廟の永代管理料及び納骨堂の年間管理費は宗教活動の喜捨金に相当するから役務の提供の対価ではないと主張するが、原告は、（中略）、喜捨金に相当するものとは別途「管理」のための費用としてこれらの金銭の支払を受けていることや、御廟及び納骨堂は、宗教活動を行うためであっても、その維持や管理に相当の費用を要するものであると考えられることからすれば、これらの御廟の永代管理料及び納骨堂の年間管理費は、宗教活動に対する喜捨金であると解することはできず、原告の上記主張は採用できない。（下線部筆者）」

なお、本件の控訴審である東京高裁平成25年4月25日判決・税資263号順号12209でも原審が維持され、確定している。

[4] 本裁判例から学ぶこと

重要なポイントは、法人税と消費税の取扱いは必ずしもリンクしているわけではないという点である。

本件の墓石及びカロートの販売に関し、原告は、「法人税法等が宗教法人が行う墳墓地の貸付業に係る収入について、課税対象の所得から除外しているのは、宗教的色彩のある霊園事業について利用者が支払う対価は奉納金であり、土地の対価ではないからであり、消費税においても、本件永代使用料は対価性を欠くなど」と主張している。

しかし、裁判所は、「本件永代使用料のうち墓石及びカロートに係る部分は、墳墓地の貸付業に係る収入とはいえないことは（中略）のとおりである上、法人税法が墳墓地の貸付業に係る収入を非課税としている趣旨も前記（中略）のとおりであって、対価性を有しないためではないのであるから、仮に、本件永代使用料が全体として墳墓地の貸付業による所得であったとしても、そのことのみによって、直ちに消費税の課税対象とならないものではなく、原告の上記主張は失当である。」と原告の主張を斥けている。消費税において課税

対象となるか否かは、資産の譲渡等に該当するかであり、それは「事業として対価を得て行われる」かどうかで判断される（消法2①八）。

　法人税の取扱いをもって消費税の課税関係を検討するというのは、消費税法の文理解釈のあり方としては妥当とはいえないであろう。実務では法人税の解釈及び取扱いに消費税の解釈が引きずられる傾向にあるが、本件判決を熟読して、消費税の課税は別途条文に沿って検討するという姿勢を身につけたいものである。

Case 2-4 土地の収用に伴い消滅する借地権に対する補償金の課税区分

[1] 事例の説明

　法人（非上場の同族会社）の場合、その代表者（社長）が個人で所有する土地に借地権を設定して、建物等を建設し事業の用に供することが頻繁にみられるが、そのような場合において、地方公共団体が実施する道路工事等の公共事業により、その土地が収用されることがある。

　このようなケースにおいては、借地権を有する法人と地方公共団体との間で権利消滅補償契約を締結し、地方公共団体から法人に対して借地権を消滅させることに対する対価（権利消滅補償金）として相当額を支払うこととなるのが通例である。

　本件（国税庁質疑応答事例「土地の収用に伴い消滅する借地権に係る補償金」に基づく）においては、A社がその代表者が所有する土地に借地権を設定して、営業所兼倉庫となる建物を建設し事業の用に供していたところ、当該営業所が所在するB市が実施する道路工事にその敷地がかかることとなり、当該敷地が収用されることとなった。そのため、借地権を有するA社とB市との間で権利消滅補償契約を締結し、B市からA社に対し借地権を消滅させることに対する対価（権利消滅補償金）として2億円が支払われることとなった。

　この場合、A社に対する消費税の取扱いが問題となる。すなわち、A社が

○ **本件の取引関係**

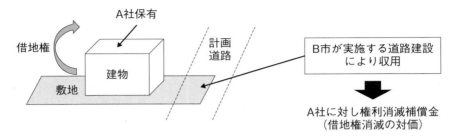

有する借地権が収用によって消滅した場合、消費税法施行令第2条第2項《資産の譲渡等の範囲》の規定により対価を得て資産の譲渡を行ったものとなり、A社が受け取る権利消滅補償金は、非課税売上となるのだろうか。

[2] 本件の争点

A社が借地権消滅の対価として受け取る権利消滅補償金は、消費税法上、非課税売上に該当するのか。

[3] 国税庁の解説

本件は、国税庁のホームページに掲載されている質疑応答事例「土地の収用に伴い消滅する借地権に係る補償金」に基づく設例である。そこで、国税庁の回答要旨を以下で確認する。

「消費税の課税対象は、国内において事業者が事業として対価を得て行う資産の譲渡等であり、「資産の譲渡」とは、資産につきその同一性を保持しつつ、他人に移転させることをいうとされています。

また、消費税法施行令第2条第2項では、土地収用法その他の法律の規定に基づいてその所有権その他の権利を収用され、かつ、その権利を取得する者からその権利の消滅に係る補償金を取得した場合には、対価を得て資産の譲渡を行ったものとするとされています。

照会の場合、Y市（収用者）からX社に対して借地権の消滅に係る補償金

として権利消滅補償金が支払われていますが、Ｙ市は、収用に係る土地の借地権を消滅させ、その土地の権利関係を清算した上で収用するものですから、収用に係る土地の所有権そのものを取得するものであって、その借地権を取得するものではありません。

　したがって、照会の土地の収用に伴う借地権の消滅は、Ｙ市がその収用に係る土地の借地権を取得するものではないことから、資産の譲渡に該当せず、また、消費税法施行令第２条第２項に規定する場合にも該当しないことから、Ｘ社がＹ市から受け取る権利消滅補償金は、資産の譲渡等の対価の額に該当しません（非課税売上げとなりません）。」

［4］ 本事例から学ぶこと

　消費税法上、国内において行われる資産の譲渡等のうち、一定のものには消費税が課されないが（消法6①）、その典型的なものが土地及び土地の上に存する権利の譲渡及び貸付けである（消法別表第1一）。そうなると、土地が絡む取引はすべて消費税が非課税であると判断しがちであるが、そうでないものも存在するので注意を要する。

　本事例の場合、収用に伴いＡ社保有の借地権が消滅し、その対価としてＢ市から権利消滅補償金2億円が支払われたのであるが、そうなると消費税法施行令第2条第2項の適用があるかどうかが問題となる。当該規定の適用があると、対価を得て資産の譲渡を行ったものとなるので、国内において行われる資産の譲渡等となり、かつその資産が土地の所有権その他の権利となるので、非課税売上となる。

　しかし、本事例の場合、Ｂ市は、収用に係る土地の借地権を消滅させ、その土地の権利関係を清算した上で収用するものであるから、収用に係る土地の所有権そのものを取得するものであって、Ａ社の保有する借地権を取得するものではない。そうなると、本事例には消費税法施行令第2条第2項の適用はない。また、Ｂ市はその収用によりＡ社の保有する土地の借地権を取得するものではないことから、資産の譲渡等に該当せず、消費税は課税対象外となる。

Case 2-5 駐車場利用に伴う土地の貸付けに係る課税区分

[1] 事例の説明

　土地の貸付けに関しては、原則として消費税は非課税となる（消法6①、別表第1一）。このことを捉えて、前記 Case 2-4 と同様に、土地の貸付けに絡むあらゆる取引について消費税が非課税であると認識している方も少なくないが、中には気を付けるべき取引もある。その一例が本件のような、駐車場その他の施設の利用に伴って土地が使用される場合である（消令8）。

　以下は、大阪地裁平成28年2月25日判決・税資266号順号12808に基づく事例である。

　個人事業者であるAは、その所有する土地数筆を、いずれも駐車場として賃貸し、賃料収入を得ていた。本件各土地の駐車場としての賃貸に係る契約書には、賃借人は駐車場を契約車両の駐車のためにのみ使用することができること、また、駐車場の土地は一時利用地的に駐車場として賃貸するものであることが記載されていた。

　駐車場は2区画あり、そのうちのB区画の状況であるが、地面には一部に雑草が生えている部分があるものの、全体に砂利が敷かれており、平坦に整地がされている。また、区割りの状況であるが、一部擦り切れている部分はあるものの、ロープで区画割りがされており、区画ごとに番号を付したコンクリートブロックが設置されている。

　もう一つのC区画は、地面は全体がアスファルト舗装で覆われており、平坦になっている。また、区割りの状況であるが、一部薄くなった部分はあるものの、地面に白線が引かれて区画割りされており、区画ごとに番号を付した番号札が敷地を囲うフェンスに掲げられている。

　Aは、自分の保有する駐車場に係る収入は、土地の貸付けによってもたらされたものであり、土地の貸付けは原則として消費税は非課税であると認識していたことから、消費税の申告を行っていなかった。ところが、Aは課税庁

○　駐車場の貸付けに係る消費税の課税区分

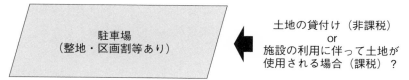

駐車場
（整地・区画割等あり）

土地の貸付け（非課税）
or
施設の利用に伴って土地が
使用される場合（課税）？

の税務調査を受け、駐車場その他の施設の利用に伴って土地が使用される場合にあっては、施設の利用に伴って土地を使用するという態様にサービスの提供に対する消費を観念し得るため、消費に薄く広く公平に負担を求めるという消費税の性格上、課税の対象とするのが合理的であることから、土地の貸付けであっても課税対象とすることとされており、本件は消費税が課税されるとして、決定処分等を行った。Aは当該処分の取消しを求めて提訴した。

[2]　本件の争点

　Aによる本件各土地の貸付けが消費税の課税取引に該当するか否か、具体的には、駐車場という施設の利用に伴って土地が使用される場合に当たるか否かである。

[3]　裁判所の判断

　一審の大阪地裁平成28年2月25日判決・税資266号順号12808（TAINS Z266-12808）で、裁判所は以下のとおり判示した。

　「（消費税）法が土地の貸付けを非課税取引としている趣旨は、土地は使用や時間の経過によって摩耗ないし消耗するものではなく、土地そのものの消費を観念することができないことから、消費に負担を求める税である消費税を課する対象から除外するという点にあるものと解されるところ、かかる趣旨に鑑みれば、土地の使用を伴う取引であっても、<u>駐車場という施設の利用に伴って土地が使用される場合には、駐車場という施設の貸付け又は車両の管理という役務の提供について消費を観念することができるから、単なる土地の貸付けと同</u>

列に論じることはできず、消費税の課税対象とすることが合理的である。施行令8条は、このような観点から、土地の貸付けにつき、駐車場その他の施設の利用に伴って土地が使用される場合を消費税の課税対象として定めているものと解される。

したがって、土地の貸付けであっても、それが駐車場という施設の利用に伴って土地が使用されるものであれば、法6条1項所定の非課税取引には当たらず、法4条1項により消費税の課税対象とされることとなる。（下線部筆者）」

「原告は、本件課税期間において、賃借人は契約車両の駐車のためにのみ使用することができるとの約定で本件各土地に係る駐車場を賃貸し、賃料収入を得ていたこと、本件各土地は、それぞれその出入口に駐車場であることを示す看板が設置され、地面が平坦に整地されており（駐車場のうちC区画については全面にアスファルト舗装がされ、そのほかの駐車場については地面に砂利が敷かれている。）、ロープ又は白線及び番号が記載されたコンクリートブロックや番号札により各車両が駐車するための区画割りがされているなど、いずれも駐車場としての用途に応じた土地の整備がされていること、原告は、本件課税期間において、本件各土地につき駐車場として賃貸するために修繕を毎年行い、そのために費用を支出していることがそれぞれ認められる。これらによれば、原告は、本件課税期間において、本件各土地を、更地として貸し付けていたものではなく、駐車場として各賃借人に賃貸していたものであり、原告による本件各土地の貸付けは、駐車場としての利用に伴って本件各土地を賃借人に使用させるものであったと認められる。

よって、原告による本件課税期間における本件各土地の貸付けは、施行令8条所定の駐車場の利用に伴って土地が使用される場合に当たるから、消費税の課税対象である「資産の譲渡等」に該当すると認められ、原告は本件各土地の貸付けによって得た収入について消費税等の納税義務を負うものと解するのが相当である。（下線部筆者）」

なお控訴審（大阪高裁平成28年7月28日判決・税資266号順号12893、TAINS Z266-12893）及び上告審（最高裁平成29年1月19日決定・税資267号順号12957、

TAINS Z267-12957）も同旨である（棄却・確定）。

[4] 本裁判例から学ぶこと

　本裁判例の焦点は、消費税法施行令第8条の解釈であり、「駐車場その他の施設の利用に伴って土地が使用される場合」とは何を指すのかという点になる。

　この点に関し、一審で原告は、「土地の貸付けについては原則として消費税を課されないこととされているのに対し、駐車場その他の「施設」の利用に伴って土地が使用される場合には例外的に課税されるところ、ここにいう「施設の利用に伴って土地が使用される場合」とは、駐車場の場合には、屋根付きやシャッター付き建物や、立体駐車場等の設備があり、当該設備そのものに利用価値があって、土地はその道具として使用されるにすぎないような場合に限られる。すなわち、施設が主で土地が従という関係がある場合には、施設によって事業収益が生じることから、施設の貸付けを課税対象とするものであると解される。したがって、土地を分割して貸すために最低限必要な道具にすぎないロープや番号札は、施行令8条にいう「施設」には当たらないものと解すべきである。」と主張している。

　しかし、裁判所は当該主張に対し、「原告は、施行令8条にいう「施設」とは、土地ではなく施設そのものに利用価値があるようなものを指し、土地の利用がその施設を利用するための道具と評価されるような施設を伴ったものである必要があると主張するが、土地の貸付けを非課税取引とする一方で、駐車場その他の施設の利用に伴って土地が使用される場合を非課税取引から除外する法及び施行令の規定は、駐車場という施設の利用に伴って土地が使用される場合には、駐車場という施設の貸付け又は車両の管理という役務の提供において消費を観念することができることを根拠とするものと解されるところ、駐車場としての設備の種類、程度は様々なものがあると想定されるが、立体駐車場、シャッター付き車庫といった建物又はこれと同等の設備の利用を伴うものでなければ駐車場という施設の利用に伴って土地が使用される場合に当たらないと解することはできない〔この点、本件通達（筆者注：消基通6-1-5）は、その

（注）　1において、事業者が駐車場として土地を利用させた場合において、その土地につき駐車場としての用途に応じる地面の整備又はフェンス、区画、建物の設置等をしているときには、その土地の使用は課税取引に当たる旨定めているところ、（中略）、かかる本件通達の定めは合理的なものといえる。］。」と判示し、原告の主張を斥けている。

　そうなると、「土地の貸付け」とは、土地の所有者が更地状態のものを貸付け、それに借地人が建物や設備等を建設・設置している場合を指し、所有者が駐車場や野球場、プール、テニスコート等としての利用を想定し、そのために地面に何らかの整備を施して、その土地を貸し付けた場合には、施行令8条にいう「施設の利用に伴って土地が使用される場合」に該当し、消費税の課税対象になるということであろう。

　本裁判例を熟読し、土地の貸付けに絡むあらゆる取引について消費税が非課税であるというような短絡的な認識は、改めなければならないであろう。

Case 2-6 介護付き有料老人ホームにおける食事の提供に係る課税区分

[1] 事例の説明

　土地の貸付けもそうであるが、消費税の非課税取引の範囲は判定が困難なケースも少なからずある。本ケースで取り上げる介護・福祉分野におけるサービスの提供もその例である。

　すなわち、介護保険法の規定に基づく居宅介護サービス費の支給に係る居宅サービス、施設介護サービス費の支給に係る施設サービス等や、社会福祉法に定める社会福祉事業及び更生保護事業法に規定する更生保護事業として行われる資産の譲渡等は、原則として消費税が非課税とされる（消法6①、別表第1七）。

　しかし、サービスの内容によっては課税扱いのものもあるので注意を要する。

　問題となったのは、介護付き有料老人ホームにおける食事の提供に係る課税

区分である（国税不服審判所平成30年2月22日裁決・TAINS F 0 - 5 -217）。

　納税者（審査請求人）は介護付き有料老人ホームを運営しているが、そこで行っている入居者（介護保険法に規定する要介護者及び要支援者）に対する食事の提供は、消費税が非課税であるものとして申告を行っていた。ところが、課税庁は税務調査で、介護付き有料老人ホームで行っている当該食事の提供は、課税資産の譲渡等に該当するとして、消費税及び地方消費税の決定処分並びに無申告加算税の賦課決定処分を行った。

　それに対し、納税者は、当該食事の提供は消費税を課さない資産の譲渡等に該当することから、基準期間における課税売上高は1,000万円以下となり、納税者は消費税を納める義務を免除される事業者（免税事業者）に該当するとして、当該各処分の全部の取消しを求めたところである。

[2] 本件の争点

　介護付き有料老人ホームで行っている当該食事の提供は、消費税法別表第一第7号イに掲げる消費税を課さない資産の譲渡等のうちの特定施設入居者生活介護等に含まれるか否か。

[3] 審判所の判断

　審判所の判断はまず法令解釈を行い、その解釈を本件事例に当てはめるというステップを踏んでいる。

〈法令解釈〉

　「老人福祉法第29条第1項は、「有料老人ホーム」とは、老人を入居させ、入浴、排せつ若しくは食事の介護、食事の提供又はその他の日常生活上必要な便宜であって厚生労働省令で定めるものの供与をする事業を行う施設であって、老人福祉施設、認知症対応型老人共同生活援助事業を行う住居その他厚生労働省令で定める施設でないものをいう旨規定している。この規定は、有料老人ホームにおいて「食事の提供」を含む日常生活上必要な便宜の供与がなされることを想定していると解される。」

「しかしながら、介護保険法第8条第11項は、「特定施設入居者生活介護」とは、特定施設に入居している要介護者について、当該特定施設が提供するサービスの内容、これを担当する者その他厚生労働省令で定める事項を定めた計画に基づき行われる入浴、排せつ、食事等の介護その他の日常生活上の世話であって厚生労働省令で定めるもの、機能訓練及び療養上の世話をいう旨規定している。そして、同項の委任を受けた介護保険法施行規則第17条は、上記の日常生活上の世話について、「入浴、排せつ、食事等の介護、洗濯、掃除等の家事、生活等に関する相談及び助言その他の特定施設に入居している要介護者に必要な日常生活上の世話」とする旨規定している。同条は、「入浴、排せつ、食事等の介護」を定める旨規定しているものの、「食事の提供」を定める旨規定していない。」

「また、介護保険法第41条第1項は、通所介護、通所リハビリテーション、短期入所生活介護、短期入所療養介護及び特定施設入居者生活介護に要した費用のうち、「食事の提供に要する費用、滞在に要する費用その他の日常生活に要する費用として厚生労働省令で定める費用」を除いたものについて、居宅介護サービス費を支給する旨規定している。そして、同項の委任を受けた介護保険法施行規則第61条は、上記のその他の日常生活に要する費用として、第1号及び第2号に掲げる居宅サービスについて定めるものとして「食事の提供に要する費用」を規定しているのに対し、第3号に掲げる「特定施設入居者生活介護」について定めるものとして「食事の提供に要する費用」を規定していない。

これらのことからすれば、同条第1号及び第2号に掲げる居宅サービスについては、介護保険法第41条第1項に規定する指定居宅サービスに要した費用から「食事の提供に要する費用」が除かれる旨が明記されていることから、これらの各居宅サービスとしては「食事の提供」も含まれるものと解される。これに対し、「特定施設入居者生活介護」については、同項に規定する指定居宅サービスに要した費用から「食事の提供に要する費用」が除かれる旨が明記されておらず、介護保険法施行規則第61条が「食事の提供に要する費用」を例示

する同項の委任を受けた上で第1号及び第2号と第3号とにおいて、上記のとおり異なる規定を設けていることからすれば、「特定施設入居者生活介護」にはそもそも「食事の提供」は含まれないものと解される。（下線部筆者）」

〈法令解釈の本件への当てはめ〉

「以上によれば、老人福祉法においては、有料老人ホームにおいて食事の提供がなされることが想定されているが、介護保険法の解釈上、当該食事の提供は、特定施設入居者生活介護等には含まれないものと解される。（下線部筆者）」

「本件食事の提供は、本件老人ホームにおいて特定施設入居者生活介護等を受ける要介護者等に対してなされたものであることから、特定施設入居者生活介護等には含まれない。

したがって、本件食事の提供は、消費税法第6条第1項に規定する別表第一の第7号イに掲げる消費税を課さない資産の譲渡等には該当せず、これらの規定の適用によって本件基準期間の課税売上高が1,000万円以下になるとは認められないため、この点に関し、請求人が同法第9条第1項本文に規定する消費税を納める義務を免除される事業者に該当するとはいえない。（下線部筆者）」

[4] 本裁決事例から学ぶこと

　平成12（2000）年に施行された介護保険制度は、わが国の介護サービスに関し、その質・量ともに飛躍的な向上をもたらした画期的な制度であるが、その後、少子高齢化に伴う介護需要の増大に国家財政が圧迫され、これまで累次の改正が行われたことから、制度が複雑化している。そのため、どの介護サービスについて消費税が非課税となり、どのサービスが課税となるのか、専門家でも完全に把握することは困難である。

　仮に、問題となる介護サービスに係る課非判定に少しでも疑問を感じたら、消費税法のみならず、介護保険法等の根拠法令にあたり、その適用の可否を確認することが重要である。

　本裁決事例において審判所が最初に行った丁寧な法令解釈により、われわれ

はそのことの重要性を改めて気づかされたのではないかと考えられる。

Case 2-7 海外の旅行会社に対して提供した国内旅行のアレンジ業務に係る課税区分

[1] 事例の説明

　本件は、訪日旅行を主催する海外の旅行会社に対してわが国の旅行会社 A 社が提供した、国内旅行部分のアレンジ業務（旅行の企画及び手配等）を輸出免税取引とするか国内取引とするかが問われた事案である（国税不服審判所平成25年11月27日裁決・裁事93号、TAINS J93-5-14）。

　A 社（請求人）は平成12年に設立された法人で、主に旅行業等を営むものである。A 社は、フィリピンやインドネシア等の海外の旅行会社が主催する訪日旅行のうち、国内旅行部分の発注を当該海外旅行会社から受けて、そのうち国内旅行部分の行程を構成する飲食、宿泊、輸送等のサービスの企画立案を行い、訪日旅行に参加する海外の旅行者に対してサービスを提供するレストラン、ホテル、バス会社及び旅行ガイド等の各種サービス提供機関のアレンジ（手配）を行うなど、これらをパッケージツアーとして海外の旅行会社に提供している。

　当該取引のフローを図示すると以下のとおりとなる。

○　本件訪日ツアー取引のフロー

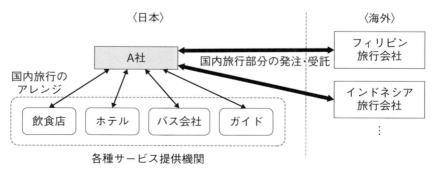

海外の旅行会社は、A社から提供を受けた国内旅行部分に、訪日のための交通手段（航空券）等を組み合わせ、訪日旅行として、海外で旅行者を募集し販売している。

なお、本件海外の旅行会社は、国内に支店、出張所その他の事務所を有しない外国法人であり、顧客である海外の旅行者とともに消費税法施行令第1条第2項第2号にいう「非居住者」に該当する。

A社は、消費税等の確定申告（当初申告）において、本件取引に係る対価の額（取引対価の額）と本件取引に関して各種サービス提供機関に支払った対価の額（支払対価の額）との差額を受取手数料とし、輸出免税取引の対価の額に該当するものとしていたが、その後、A社は、取引対価の額及び支払対価の額の各総額が、それぞれ輸出免税取引の対価の額及び課税仕入れに係る支払対価の額に該当するものであったなどとして、更正の請求を行った。

課税庁は、これに対し、取引対価の額のうち、支払対価の額に相当する金額については輸出免税取引の対価の額に該当せず、国税通則法第23条第1項に規定する更正の請求ができる場合に該当しないとした。

[2] 本件の争点

訪日旅行のうち国内旅行部分をパッケージツアーとして提供した取引対価の額のうち、当該取引に関して各種サービス提供機関に支払った対価の額に相当する金額は、輸出免税取引の対価の額に該当するか否か。

○　国内旅行部分の取引対価の額の内訳

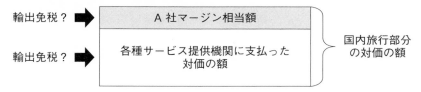

[3] 審判所の判断

　審判所は以下のとおり判示して、納税者の主張を斥けた。

　「請求人は、本件海外旅行会社に対して本件国内旅行部分を提供していると
ころ、①（中略）本件取引対価の額は、本件各種サービスの提供に係る対価の
額を含む本件国内旅行部分に要する費用の額を積み上げた金額に請求人の利益
の額を上乗せした金額を基に決定されていること、②（中略）本件国内旅行部
分における本件旅行者の国内における本件各種サービスの提供に係る対価が請
求人によって実際に本件各種サービス提供機関に支払われていること等を考慮
すると、請求人が本件海外旅行会社から受領する本件取引対価の額の中には、
非居住者である本件旅行者が本件各種サービス提供機関から直接便益を享受す
る本件各種サービスの提供の対価に相当する金額が含まれているものと認めら
れる。（下線部筆者）」

　「本件旅行者が本件各種サービスについて国内において直接便益を享受して
いるところ、これらは施行令第17条第2項第7号ロ又はハに該当し、また、上
記（中略）の消費税法基本通達7－2－16の非居住者に対する「電車、バス、タ
クシー等による旅客の輸送」等に該当するから、本件国内旅行部分に含まれる
本件各種サービスの提供は輸出免税取引に該当しないと判断するのが相当であ
る。

　そうすると、本件取引対価の額のうち請求人が支払った本件旅行者の本件各
種サービス提供機関から受けた本件各種サービスの提供に係る対価の額に相当
する金額、すなわち、本件支払対価の額に相当する金額については輸出免税取
引の対価の額に該当しないこととなる。（下線部筆者）」

[4] 本裁決事例から学ぶこと

　A社は、海外の旅行会社に対して提供している包括的な役務（国内パッケー
ジツアーのアレンジ）は、当該海外の旅行会社が「国外において」その便益を
享受するものであり、当該包括的な役務の提供は「国内において」直接便益を

享受するものではない旨を主張したが、これをどう評価するべきであろうか。

消費税法施行令第17条第2項第7号によれば、以下に掲げるもの以外の役務の提供は、輸出免税の対象となるとされている。

① 国内の所在する資産に係る運送又は保管

② 国内における飲食又は宿泊

③ ①及び②に掲げるものに準ずるもので、国内において直接便益を享受するもの

また、上記③の例として、通達では電車、バス、タクシー等による旅客の輸送が該当するとしている（消基通7-2-16）。

すなわち、A社の行っている海外の旅行会社に対して提供している包括的な役務（国内パッケージツアーのアレンジ）は、海外の旅行会社が「国内において」直接便益を享受するものではないことから、上記輸出免税の対象の例外規定（消令17②七）の適用はなく、「非居住者に対して行われる役務の提供」に該当するため輸出免税の適用があると解するのが妥当なのか、それともそうではないのかという問題である。

海外の旅行会社に対して提供している国内パッケージツアーのアレンジに関し、審判所の認定した事実によれば、「本件国内旅行部分の実施に当たっては、通常、請求人が外注したガイドが本件旅行者に同行して、本件国内旅行部分の進行管理を行う。具体的には、飲食、宿泊等のサービスの提供については、ガイドがレストラン、ホテル等の本件各種サービス提供機関に本件旅行者を引率して行き、予約時に通知してある団体番号を伝えることにより、飲食、宿泊等のサービスが本件各種サービス提供機関から本件旅行者に提供される。

また、請求人は、本件国内旅行部分の進行中、ガイドと頻繁に連絡を取り合い、本件国内旅行部分の進行状況を確認しているほか、本件旅行者からガイドに対して、提供するサービス内容について変更の要望があった場合には、ガイドから請求人にその旨の連絡がされ、請求人が本件海外旅行会社に連絡した上で、本件海外旅行会社がその対応について判断する。」とされており、「本件旅行者が本件各種サービスについて国内において直接便益を享受している」と判

断している。

　すなわち、国内旅行の実施中は、Ａ社がアレンジしたガイドが旅行者を引き連れ、旅程を進行してゆくのであるが、Ａ社はガイドと頻繁に連絡を取り合うことで進行管理を行い、旅行者からの変更要請等に海外の旅行会社とも協議しながら対応するのである。

　このようなＡ社の役割や機能を評価すると、まさに「本件旅行者が本件各種サービスについて国内において直接便益を享受している」と判断するのが妥当といえるであろう。

　さらに、審判所は、「しかしながら、仮に、本件海外旅行会社が請求人から提供を受ける包括的な役務というものを考えるとしても、その内容については、本件取引の課税関係の判断において次のとおり（筆者注：以下のア～ウのとおり）評価することが適当であり、当該包括的な役務の提供に含まれる本件各種サービスの提供については、本件海外旅行会社が国内において直接便益を享受していると評価されることになるから、請求人の主張には理由がない。」として、Ａ社の主張を斥けている。

　ア．Ａ社は、海外の旅行会社に対し、国内旅行部分の企画立案及び各種サービス提供機関への予約等の手配を行うほか、本来、海外の旅行会社が訪日旅行の主催者として旅行者に提供すべき国内旅行部分の実施を、Ａ社が自己の名称で当該各種サービス提供機関と取引して、ツアーに参加する旅行者に当該各種サービスを提供させるという役務の提供をしている。

　イ．つまり、Ａ社が、これらの役務を海外の旅行会社に提供することで取引対価の額を受領しているとすると、Ａ社が当該海外の旅行会社に対して行う包括的な役務の提供の内容には、Ａ社が海外の旅行会社に代わって、その顧客であるツアーに参加する旅行者に各種サービス提供機関によるサービスを提供させるという役務の提供が含まれているものと考えられる。

　ウ．そうすると、上記各種サービスの提供自体は各種サービス提供機関から旅行者に対して行われているものの、実態はＡ社が、海外の旅行会社の指示に従い、当該旅行会社の顧客である旅行者に対して、Ａ社自身の役務の提供の

履行のために、A社が確保した各種サービス提供機関により提供させるものであることから、A社が海外の旅行会社に対して各種サービスの提供を国内で行ったものと評価するのが適当である。

これも、A社が当該取引において担っている役割・機能を的確に判断したものと評価できる。

仮に、A社が行っている業務が国内旅行部分を単に手配し海外の旅行会社にそれを伝達するのみであれば、A社の当該サービスの提供は、海外の旅行会社ないし旅行者が「国内において直接便益を享受するもの」とはいえない可能性がある。

しかし、A社の役務提供の内容は、旅行者が日本に到着してから帰国するまでの期間のすべてに及ぶもので、単に各種サービス提供機関に予約を入れて「おしまい」ではない。そうなると、消費税法上、A社の海外の旅行会社に対する役務提供は、「国内において直接便益を享受するもの」と解され、輸出免税の対象とはならないということになるだろう。

Case 2-8 外国旅行会社主催の訪日ツアー取引の輸出免税該当性

[1] 事例の説明

上記 **Case 2-7** は審判所での裁決事例であるが、本件（**Case 2-7** とは別件）は裁判所で判断された事案（東京地裁平成27年3月26日判決・訟月62巻3号441頁、TAINS Z265-12641）であり、さらに詳細に検討されているためここで紹介したい。

本件は、旅行業法に基づく旅行業等を目的とする日本法人である原告が、外国法人（韓国法人で韓国及びイギリスにおいて上場）であるB社の主催する訪日旅行ツアーについて、B社との間で行っている取引が消費税法第7条第1項により消費税が免税される取引（輸出免税取引）に当たるとして、平成19年1月

○　取引関係図

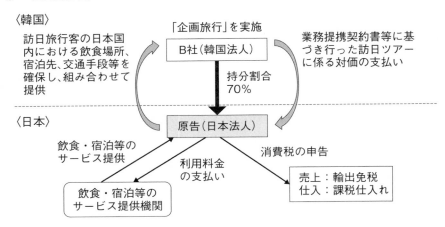

〈韓国〉

訪日旅行客の日本国
内における飲食場所、
宿泊先、交通手段等を
確保し、組み合わせて
提供

「企画旅行」を実施

B社（韓国法人）

持分割合
70%

業務提携契約書等に基
づき行った訪日ツアー
に係る対価の支払い

〈日本〉

原告（日本法人）

飲食・宿泊等の
サービス提供

利用料金
の支払い

消費税の申告

飲食・宿泊等の
サービス提供機関

売上：輸出免税
仕入：課税仕入れ

１日から平成21年９月30日までの各課税期間の消費税及び地方消費税につき、
本件取引に基づいてB社から受領した対価の額を課税標準額に算入せずに確
定申告をしたところ、課税庁から、本件取引が輸出免税取引に該当せず、本件
取引の対価の一部が消費税の課税標準額に算入されるとして、平成22年４月28
日付けで各更正及び各過少申告加算税賦課決定を受けたため、本件各更正処分
及び本件各賦課決定処分が違法であるとして、本件各更正処分のうち還付金額
が確定申告額を下回る部分及び本件各賦課決定処分の取消しを求める事案であ
る。

　なお、原告は、平成17年10月20日、消費税法第19条第１項第４号に基づき、
課税庁に対し、課税期間を３か月ごとの期間に短縮する消費税課税期間特例選
択届出書を提出している。

　原告は、本件取引において、B社に対し、訪日旅行客の日本国内における飲
食場所、宿泊先、交通手段等を確保し、これらを組み合わせて提供している。

　また、韓国の法令である観光振興法は、旅行業を経営する者が国外旅行をし
ようとする旅行者のために旅行の目的地、日程、旅行者が提供を受ける運送又
は宿泊等のサービス内容及びその料金等に関する事項をあらかじめ定めてそれ

に参加する旅行者を募集して実施する旅行を「企画旅行」とし（同法2条3号）、同法4条1項に基づき旅行業の登録をした者が、韓国の法令である文化体育観光部令で定める要件を備えて、同令で定めるところにより企画旅行を実施することができるところ（同法12条）、B社は、同法4条1項に基づく登録をしている。

[2] 本件の争点

本件の争点は、主として以下の3点である。

① 本件取引が消費税法第7条第1項第1号（輸出免税・本邦からの輸出として行われる資産の譲渡又は貸付け）に該当するか否か（争点1）

② 本件取引が消費税法第7条第1項第5号、消費税法施行令第17条第2項第6号（輸出免税・非居住者に対する資産の譲渡又は貸付け、平成23年改正前）に該当するか否か（争点2）

③ 本件取引が消費税法第7条第1項第5号、消費税法施行令第17条第2項第7号（非居住者に対する役務提供の除外項目、平成23年改正前）に該当するか否か（争点3）

[3] 裁判所の判断

〈本件取引の性格〉

「原告は、本件訪日ツアーのうち、国内の旅程部分の日程、本件訪日旅行客が受けることができる飲食、宿泊、運送等の役務の内容、B社が支払うべき対価に関する事項を定めた旅行に関する計画を作成し、自己の計算において、各種サービス提供機関との間で、本件訪日旅行客に提供するために必要と見込まれる役務の提供に係る契約を締結していたものであり、原告は、B社から、行事終了後に、各種サービス提供機関により本件訪日旅行客に対して飲食、宿泊、運送等の役務を提供したことの対価を受けているものである（旅行業法2条1項1号及び2号参照）。

そうであるとすれば、本件取引は、原告が、B社に対し、「本件訪日旅行客

に対して各種サービス提供機関による役務の提供という方法により国内における飲食、宿泊、運送等の役務を提供する」という役務を提供するものであると解するのが相当である。」

〈争点1について〉

「消費税法4条1項は、国内において事業者が行った資産の譲渡等には、消費税を課する旨規定し、同法5条1項は、事業者は、国内において行った課税資産の譲渡等につき、消費税を納める義務がある旨規定しているところ、同法2条1項8号は、資産の譲渡等とは、事業として対価を得て行われる資産の譲渡及び貸付け並びに役務の提供をいう旨規定している。

この点、同法7条1項1号は、「本邦からの輸出として行われる資産の譲渡又は貸付け」としていることから、同号に該当するためには、本件取引が「資産の譲渡又は貸付け」である必要がある。

前記（中略）で検討したとおり、本件取引は、原告が、B社に対し、「本件訪日旅行客に対して各種サービス提供機関による役務の提供という方法により国内における飲食、宿泊、運送等の役務を提供する」という役務を提供するものであるから、同号の「資産の譲渡又は貸付け」に当たらず、同号の輸出免税取引に該当しない。（下線部筆者）」

「原告は、本件取引が消費税法7条1項1号に該当すると主張するところ、本件取引は、無形資産であるサービス利用権を組み合わせて組成された本件旅行パッケージ商品の販売である旨主張する。

そこで、仮に、本件取引が無形資産である本件旅行パッケージ商品の販売であるとして、同号の「本邦からの輸出として行われる資産の譲渡又は貸付け」に当たるか否かを念のため検討することとする。」

「「輸出」とは、船舶又は航空機への積込みという貨物の物理的な移転行為を捉えた概念であるから、無形資産については「輸出」を観念し得ないというべきである。このことは、無体財産権（鉱業権、特許権、著作権、営業権等）の譲渡又は貸付けで、非居住者に対して行われるものを輸出免税とする旨規定している消費税法施行令17条2項6号が、その規定中に「輸出」という文言を使

用していないことからも裏付けられる。

　実質的に考えても、無形資産については、本邦から輸出されたかどうかとの
メルクマールが極めて曖昧なものである。原告は、B社が国内に支店、出張所
その他の事務所を有していないことを捉えて輸出がされたと主張するが、この
メルクマール自体極めて間接的なものであって、このメルクマールからは輸出
が行われた時期すら特定できないものである。

　<u>以上によれば、本件取引の性質及び内容について原告の主張を前提としたと
しても、本件取引が消費税法7条1項1号の輸出免税取引に該当すると認める
ことはできない。</u>（下線部筆者）」

〈争点2について〉

　「本件取引が消費税法7条1項5号、消費税法施行令17条2項6号に該当す
るか否かについて検討するに、同号は、同法7条1項5号の政令で定める資産
の譲渡等として、同施行令6条1項4号から7号までに掲げる資産の譲渡又は
貸付けで非居住者に対して行われるものを規定しているところ、前記（中略）
のとおり、原告は、B社に対し、<u>「本件訪日旅行客に対して各種サービス提供
機関による役務の提供という方法により国内における飲食、宿泊、運送等の役
務を提供する」</u>という役務を提供するものであるから、消費税法7条1項5
号、消費税法施行令17条2項6号の<u>「資産の譲渡又は貸付け」</u>に当たらない。

　したがって、本件取引は、消費税法7条1項5号、消費税法施行令17条2項
6号の輸出免税取引に該当しない。（下線部筆者）」

〈争点3について〉

　「本件取引が、消費税法7条1項5号、消費税法施行令17条2項7号に該当
するか否かについて検討するに、同号ハは、非居住者に対して行われる役務の
提供で、国内に所在する資産に係る運送又は保管及び国内における飲食又は宿
泊に準ずるもので、国内において直接便益を享受するものについては、輸出免
税取引に該当しない旨規定している。

　そして、<u>同号ハが上記のものを輸出免税取引から除外しているのは、これが
国境をまたがない、正に国内において消費されるサービスであり、輸出と捉え</u>

得るものではないという点にあることに加え、消費税が事業者から消費者に提供される物品、サービスの消費全体に広く薄く税負担を求める租税であることに鑑みると、同号ハの範囲を殊更限定的に解釈するのは相当ではなく、国内に所在する資産に係る運送又は保管及び国内における飲食又は宿泊に類するものであり、かつ、国内において消費されるサービスについて、広く同号ハに該当するというべきである。

　この点、消費税法基本通達7-2-16（中略）は、消費税法施行令17条2項7号において輸出免税の対象となるものから除かれる非居住者に対する役務の提供として、①国内に所在する資産に係る運送や保管、②国内に所在する不動産の管理や修理、③建物の建築請負、④電車、バス、タクシー等による旅客の運送、⑤国内における飲食又は宿泊、⑥理容又は美容、⑦医療又は療養、⑧劇場、映画館等の興行場における観劇等の役務の提供、⑨国内間の電話、郵便又は信書便及び⑩日本語学校等における語学教育等に係る役務の提供を挙げているところ、これらは飽くまでも例示であって、輸出免税の対象となるものから除かれる非居住者に対する役務の提供がこれら又はこれらに類するものに限られるものとはいえない。（下線部筆者）」

　「本件取引は、原告が、B社に対し、「本件訪日旅行客に対して各種サービス提供機関による役務の提供という方法により国内における飲食、宿泊、運送等の役務を提供する」という役務を提供するものである。

　したがって、本件取引は、非居住者であるB社に対して行われる役務の提供である。また、「本件訪日旅行客に対して各種サービス提供機関による役務の提供という方法により国内における飲食、宿泊、運送等の役務を提供する」という役務は、国内に所在する資産に係る運送又は保管及び国内における飲食又は宿泊に類するものであり、かつ、国内において消費されるサービスであるということができるから、同号ハに該当するというべきである。

　以上によれば、本件取引は、消費税法7条1項5号、消費税法施行令17条2項7号の輸出免税取引に該当しない。（下線部筆者）」

　なお、本件は控訴されたが（東京高裁平成28年2月9日判決・税資266号順号

12797、ＴＡＩＮＳ Z266-12797）棄却され、その後最高裁へ上告されたが不受理となった（最高裁平成29年2月3日決定・税資267号順号12975、ＴＡＩＮＳ Z267-12975、確定）。

[4] 本裁判例から学ぶこと

■1 輸出概念について

　わが国の消費税を含む付加価値税制においては、例えば物品の輸出入について、保税地域からの貨物の引き取りについては課税され、貨物の輸出については免除する（ゼロ税率で課税する）という仕組みを採っている。

　国境を越える取引に関して行う、このような付加価値税課税の調整方法を国境税調整（border tax adjustment）といい[22]、貨物等の輸出先である仕向地国に課税権があるという考え方を仕向地主義（destination principle）という[23]。

　消費税法においては、物品の輸出又はそのサービスの提供が国外で行われる場合、課税が免除されるが、これを一般に輸出免税と呼んでいる。

　当該輸出免税取引（輸出取引等）は、具体的には概ね以下のような取引を指すものとされている。

○　輸出免税取引の主たる類型

輸出取引	①	輸出取引としての資産の譲渡又は貸付け（消法7①一）
	②	外国貨物の譲渡又は貸付け（消法7①二）
輸出類似取引	③	国内と国外との間の旅客及び貨物の輸送（国際運送）（消法7①三）
	④	国内と国外との間の通信又は郵便（消法7①三、消令17②五）
	⑤	国際運送の用に供される船舶又は航空機の譲渡、貸付け又は修理（消法7①四、消令17①）
	⑥	非居住者に対する無体財産権等の譲渡又は貸付け（消令17②六）
	⑦	特例輸出貨物の保税地域間の運送（消令17②四）

22　金子宏『租税法（第二十三版）』（弘文堂・2019年）784頁。
23　金子前掲注22書799頁。

本裁判例で問題となったのは、まず争点1における「輸出」（上記図中の①に相当）とは何かである。

裁判所は、「「輸出」とは、船舶又は航空機への積込みという貨物の物理的な移転行為を捉えた概念であるから、無形資産については「輸出」を観念し得ないというべきである」と判示している。すなわち、原告がB社に対して提供した「訪日ツアー」は「資産」ではなく、「原告が、B社に対し、「本件訪日旅行客に対して各種サービス提供機関による役務の提供という方法により国内における飲食、宿泊、運送等の役務を提供する」という役務を提供するものである」から「役務の提供」であり、そのような役務の提供は「輸出」の対象とはならないというのである。

❷ 非居住者に対する無体財産権等の譲渡又は貸付け該当性

上記❶のとおり、原告がB社に対して提供した「訪日ツアー」を輸出取引とみることは困難であるが、それでは、非居住者に対する無体財産権等の譲渡又は貸付（輸出類似取引）とみることは可能であろうか（争点2）。すなわち、原告がB社に提供した「訪日ツアー」は無体財産権等としての利用権に該当し、原告は非居住者であるB社に対して利用権を譲渡したのだという主張は、妥当性があるのだろうか。

これについても、裁判所は、「訪日ツアー」の法的性格は「原告が、B社に対し、「本件訪日旅行客に対して各種サービス提供機関による役務の提供という方法により国内における飲食、宿泊、運送等の役務を提供する」という役務を提供するものである」とし、あくまでも「役務の提供」であるとして斥けている。

要するに、原告の役務の提供先はB社であるが、その役務に提供の内容は、B社が募った訪日ツアーの旅行客に対する日本国内における飲食や宿泊等のパッケージサービスの提供ということになる。

なお、「訪日ツアー」という役務につき、裁判所は、「国内に所在する資産に係る運送又は保管及び国内における飲食又は宿泊に類するものであり、かつ、国内において消費されるサービスであるということができるから、（消費税法

○　訪日ツアーの取引内容

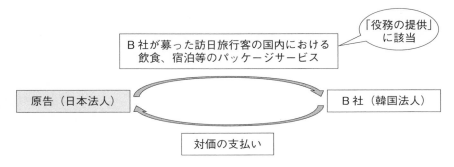

施行令17条 2 項 7 号）ハに該当するというべきである」と判示しており、この点からも輸出免税に該当しないとしている（争点 3 ）。訪日旅行客がわが国で直接飲み食いした代金は、消費税法上、輸出免税には該当しないのと同様の取扱いである。

Case 2-9 弁護士会が運営する法律相談センターに対して弁護士が支払う負担金の対価性

[1]　事例の説明

　弁護士会が行っている法律相談センター等に関して受領する金額に関し、当該弁護士会が消費税の確定申告の際、その金額を課税標準に含めていなかったところ、課税庁は、当該収入の基となる業務が事業として対価を得て行われる役務の提供であるとして、消費税及び地方消費税の更正処分と過少申告加算税の賦課決定処分を行ったため、原告である弁護士会がその取消しを求めて提訴した事案である（京都弁護士会事件、京都地裁平成23年 4 月28日判決・税資261号順号11679・TAINS Z261-11679）。

　なお、弁護士会は消費税の課税標準に含めなかったが、課税庁が含めるべきと指摘した役務提供の内容は以下の①～⑦のとおりである。

　①　京都弁護士会法律相談センター（「法律相談センター」）において、 1 ）

紹介の申込み等に基づき紹介された弁護士が、申込者から事件等を受任しあるいは申込者と顧問契約を締結した場合に、当該弁護士が原告に対し支払わなければならないとされている負担金〔京都弁護士会法律相談センター規程（「本件法相規程」）15条〕、2）法律相談を担当した弁護士が、相談者の依頼等により自ら事件を受任した場合に、当該弁護士が原告に対し支払わなければならない負担金（本件法相規程16条）（上記1）2）を合わせて「法律相談センター受任事件負担金」という）。

② 京都弁護士会刑事弁護・少年（等）付添センター（「刑弁センター」）において、1）紹介の申込みに基づき紹介された弁護士が、被疑者等と委任契約を締結し受任した場合に、当該弁護士が原告に対し支払わなければならない負担金〔京都弁護士会刑事弁護・少年（等）付添センター規程（「本件刑弁規程」）10条〕、2）当番弁護士が当該事件を受任した場合に原告に対し支払わなければならない負担金（本件刑弁規程18条）（上記1）2）を合わせて「刑弁センター受任事件負担金」という）。

③ 京都弁護士会消費者・サラ金被害救済センター（「消・サラセンター」）において、相談を担当した弁護士が当該事件を受任した場合に原告に対し支払わなければならない負担金〔京都弁護士会消費者・サラ金被害救済センター規程（「本件消・サラ規程」）12条〕（上記を「消・サラセンター受任事件負担金」という）。

④ 京都弁護士会高齢者・障害者支援センター（「支援センター」）において、同センターの行う事業（専門法律相談業務、財産管理支援業務、介護・福祉支援業務、精神保健支援業務等）につき、事件を受任したり弁護士報酬を受領するなどした場合に原告に対し支払わなければならない負担金〔京都弁護士会高齢者・障害者支援センター業務実施規則49条4項、57条3項、70条3項〕（以下「支援センター受任事件負担金」といい、これと法律相談センター受任事件負担金、刑弁センター受任事件負担金及び消・サラセンター受任事件負担金を合わせて「本件各受任事件負担金」という）。

⑤ 弁護士法23条の2に基づく公務所又は公私の団体に対する照会の手続き

（「23条照会」）を原告が行う際に、当該照会の申出をした弁護士が原告に対し支払わなければならない手数料〔京都弁護士会弁護士法第23条の2に基づく照会手続規則（「照会手続規則」）8条〕（以下「23条照会手数料」という）。

⑥　1）原告が京都弁護士協同組合（「本件組合」）から各種事業の委託を受けていることに基づき本件組合が原告に支払う事務委託金、2）原告が財団法人法律扶助協会京都支部（「本件協会」）から法律扶助事業の事務の委託を受けていること等に基づき本件協会が原告に支払う事務委託費及び人件費等の実費の負担金（以下、1）の金員を「本件組合事務委託金」といい、2）の金員を「本件協会事務委託費等」といい、これらを合わせて「本件各事務委託金」という）。

⑦　司法研修所長からの司法修習生の実務修習の委託に基づき、弁護士会における司法修習生の弁護実務修習の指導に要する経費に充てるための費用として原告に支払われる司法修習生研修委託費（以下「司法修習委託金」という）。

[2] 本件の争点

本事案の争点は、本件各更正処分及び本件各賦課決定処分の適法性である。
具体的には、本件各受任事件負担金（上記①～④）、23条照会手数料（上記⑤）、本件各事務委託金（上記⑥）及び司法修習委託金（上記⑦）が消費税法第4条第1項の課税対象になるか否か、すなわち、これらが「事業として対価を得て行われる資産の譲渡及び貸付け並びに役務の提供」（同法第2条第1項第8号）における対価に当たるか否か（対価性の有無）である。

[3] 裁判所の判断

1 一審（京都地裁）

〈本件各受任事件負担金（上記①～④）について〉
「本件各センターにおける名簿の作成、紹介の仲介などの事務処理があるこ

とによって、各弁護士が相談者等と接触することになり、その後に当該相談者等から事件を受任した場合には、その受任は、上記の事務処理があったことに起因しているといえるから、各弁護士は、本件各センターの運営とその事務処理によって、受任の機会を得ている面があると評価することができる。そして、本件各センターの運営は、原告に置かれた各種委員会により行われている以上、本件各センターの事務処理は、原告による事務処理であるということができるから、原告の事務処理によって、各弁護士は、受任の機会を得ていると評価することができる。」

「本件各受任事件負担金の支払をするのは、実際に事件を受任した会員弁護士であり、事件を受任しなかった会員弁護士は支払をすることにはなっていないが、これは、少なくとも、本件各受任事件負担金が、受任によって得た利益を一定程度拠出することを求める趣旨のものであるからということができる。

そして、そのように原告に対して利益を拠出する理由については、（中略）、まさに原告の事務処理によって、受任の機会を得たことにより、それがその後の受任に基づく利益につながるからこそである、と解するのが合理的である。

以上によれば、結局、各弁護士は、原告の事務処理という役務の提供によって受任の機会を得たため、その反対給付として本件各受任事件負担金を支払うこととされているものということができ、当該役務の提供と本件各受任事件負担金との間には明白な対価関係がある。（下線部筆者）」

「原告は、本件各受任事件負担金が原告の会費に該当するから、対価性が否定される旨の主張をしている。

しかし、消費税法基本通達5-5-3は、会費であることから直ちに対価性を否定しているわけではない。したがって、対価性の検討において、本件各受任事件負担金が会費に該当するか否かを判断する必要はないし、仮に本件各受任事件負担金が会費であるとしても、本件では、上記のとおり、消費税法基本通達5-5-3にいう明白な対価関係の存在が認められる。（下線部筆者）」

「原告は、機会の提供が役務の提供であるとすると、事件を受任しなくても役務の提供がされていることになり、その場合にも反対給付がなければ論理的

に整合しないとか、たまたま事件を受任した担当弁護士のみから受任事件負担金を徴収したとしても、それは機会の提供と直接的、具体的に関連する反対給付とはいえないなどと主張する。

　しかし、事件を受任した担当弁護士のうちの一部からしか受任事件負担金を徴収していなくても、それは徴収の対象を一部に限っているだけのことであって、このように、機会の提供に対する反対給付（対価）を徴収する場合を、物事が一定程度の段階に達した際にのみ行うということも、それ自体不合理であるとか、論理的に成り立ち得ないということはないし、そのことによって、反対給付といえるかどうかということ自体が変わってくるということもない。

　したがって、機会の提供を役務の提供と考えることは何ら論理的に問題がなく、また、受任事件負担金を徴収される担当弁護士が機会の提供を受けた者の一部に限られていても、そのことにより反対給付性が否定されることもない。原告の上記主張も失当である。（下線部筆者）」

〈23条照会手数料（上記⑤）について〉

　「23条照会手数料は、照会書が発送されれば、照会結果の内容いかんにかかわらず支払うものとされていることに加え、公務所等から報告に関する費用の支払を求められた場合には、照会を申し出た会員は、23条照会手数料とは別にその費用を支払うものとされていることなどに照らせば、23条照会手数料は、照会の申出をした会員のために原告が行った照会事務に関して発生した費用を、当該会員が負担するものであると考えるのが自然かつ合理的である。

　そうすると、23条照会手数料は、照会に係る事務という役務の提供に対する反対給付であり、当該役務の提供との間に明白な対価関係があるということができる。（下線部筆者）」

〈本件各事務委託金（上記⑥）について〉

　「本件組合事務委託金は、その実質も事務委託金、すなわち、本件組合が原告に事務を委託し、その委託された事務を原告が行うという役務の提供に対する反対給付（対価）であると認められる。（下線部筆者）」

　「本件協会と状況の類似している本件組合に関し、原告の職員の出向とは認

められず、本件組合事務委託金は事務委託に対する反対給付（対価）であると認められることなどにも照らせば、本件協会の関係についても、原告の職員が本件協会に出向していたとはいえず、むしろ、原告の職員が、原告の職員として、本件協会から委託を受けた事務を行っていたものと認められる。よって、本件協会事務委託費等は、その実質は事務委託金、すなわち、本件協会が原告に事務を委託し、その委託された事務を原告が行うという役務の提供に対する反対給付（対価）であると認められる。（下線部筆者）」

〈司法修習委託金（上記⑦）について〉

「司法修習委託金は、（中略）、弁護実務修習の指導に要する経費に充てることをその使途とすることが明らかであり、原告など弁護士会が弁護実務修習の委託を受けてこれを実施したからこそ支払われるものであることは否定できない。これに加えて、（中略）、補助金適正化法の定める手続がとられていないことなどにも照らせば、司法修習委託金は、消費税法基本通達5-2-15の規定するような、特定の政策目的を図るための給付金であるとまではいえないと解される。

また、消費税法施行令2条により、負担付き贈与による資産の譲渡や（同条1項1号）、土地収用法等に基づく所有権等の権利の収容に際して補償金を取得した場合（同条2項）も、課税対象となるとされていることに加え、消費税は、消費全体に広く薄く税負担を求めるという観点のものであることなどからすると、「その金額が対応する資産の譲渡や役務の提供の客観的価値よりも低いと考えられるような金員」や、「一方当事者が支払の有無やその金額を決定できるような金員」についても、上記の消費税法基本通達5-2-15の規定するような給付金であるといえるような場合等でない限りは、資産の譲渡や役務の提供に対する反対給付（対価）であるとするのが、法の趣旨であると解される。（下線部筆者）」

２ 控訴審（大阪高裁）

本件は一審で上記のとおり原告・京都弁護士会の請求が棄却されたため、原告が控訴している。控訴審（大阪高裁平成24年3月16日判決・訟月58巻12号4163

頁、TAINS Z262-11909）で裁判所は、以下のとおり判示して控訴を棄却している。

〈消費税法における「対価」の意義〉

「消費税は広く薄く課税対象を設定し、最終的に消費者への転嫁が予定されている税であるから、事業者が収受する経済的利益が、消費税の課税要件としての「資産等の譲渡（本件においては役務の提供）」における対価に該当するためには、事業者が行った当該個別具体的な役務提供との間に、少なくとも対応関係がある、すなわち、当該具体的な役務提供があることを条件として、当該経済的利益が収受されるといい得ることを必要とするものの、それ以上の要件は法には要求されていないと考えられる。（下線部筆者）」

「控訴人は、消費税の課税対象となる対価であると評価されるためには、前述した個別具体的役務の提供との関連性のほかに、必ずしも必要条件ではないにせよ、まず、収受される経済的利益が自由な市場における価格決定の対象になっていることが基本的要素である（以下「任意性」という。）とし、さらに、当該提供された役務と収受された経済的利益が同等の経済的価値を持つことも基本的要素である（以下「同等性」という。）と主張するので、各争点の判断に入る前に、その点について以下検討する。」

〈任意性について〉

「控訴人は、市場取引こそ消費税の基本的な課税対象であるとし、市場外取引は消費税の課税対象ではなく、その裏付けとして、いわゆるNHKの受信料については、その価格決定や徴収につき当事者間の合意に基づいたものではなく、したがって任意性がないために課税要件から外れているところを特に政策的に課税の対象にしたもの（消費税法2条1項8号、同施行令2条1項5号）であると主張する。

しかし、同施行令2条が「対価を得て行われる資産の譲渡若しくは貸付け又は役務の提供に類する行為」として定めるものは、消費税法4条4項のように、本来明らかに課税要件に該当しないものを特に対価を得て資産の譲渡が行われたものとみなして課税対象にしたものとはいえないし、元来、NHK放送

とその受信料には、受信設備の設置によって契約締結が義務付けられることや、その価格についても多くの特殊性があるといえることから、対価を得て行われる役務の提供に該当することを確認的に定めたものと解することができる。むしろ、価格決定が当事者の任意で行われるわけではない附合契約や一方的な価格決定が行われるものについても、転嫁が可能なほどに個別具体的な役務の提供と結びついている場合には、法は消費税の課税対象とする趣旨であると考えられる。

前述の制度趣旨及び法の規定からすれば、消費税の課税対象を自由取引によって形成された価格に限定する必要も理由もない。任意性という要素は、控訴人も自認するとおり、少なくとも消費税の対価性の要件ないし要件に準ずるものとはいえず、その点が欠けるという理由で一般的に対価であることを否定されるべきものでもない。（下線部筆者）」

〈同等性について〉

「控訴人は、当該役務と経済的利益は同等の経済的価値を持つべきで、それが存在しなければ終局的には関連性が認められないという趣旨で、同等性は、対価性判断の上で、重要な基本的要素であると主張する。

しかし、前掲の消費税法28条1項ただし書の規定は、明らかに、課税標準（対価の額）が経済的な利益の額そのままであることを前提とした規定であり、また、実質的にも、現実の価値の大小というあいまいな概念を、最も明確であるべき課税要件の判断を大きく左右する要素として持ち込むことは妥当でない。同等性という要素は、少なくとも、要件ないし要件に準ずるものとして要求されているものではないことは明らかである。（下線部筆者）」

「付言すると、控訴人は、本件各事務委託金及び23条照会手数料については、各金員が控訴人の会費に該当するから、対価性が否定される旨の主張をしている。しかし、上記のとおり、消費税の対価性の判断要件として任意性が要求されているとは解されず、会費が強制的に徴収されるものであるという一事をもって、課税要件を満たさないという判断はできない。消費税法基本通達5-5-3も、会費であることから直ちに対価性を否定しているものではない。

一般的に、会費というだけでは、その発生する前提条件が明らかになるものではなく、したがって、何らかの役務の提供と関連性があるのか、また、関連性がある場合に提供される役務の内容等も全く明らかにならないので、対価性の検討において、本件各金員が会費に該当するか否かを判断する必要はない。（下線部筆者）」

　なお、控訴人は上告しているが、上告不受理で確定している（最高裁平成27年2月27日決定・税資265号順号12609、TAINS Z265-12609）。

[4]　本裁判例から学ぶこと

〈対価性の意義〉

　本件で問題となった取引を図示すると、概ね以下のとおりとなる。

○　弁護士会が会員弁護士から受領する負担金等の対価性

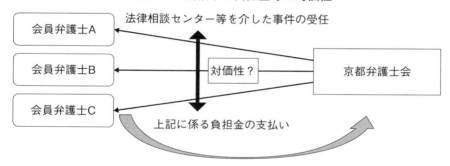

　本裁判例は一般に、消費税法における「対価」の意義を判示したリーディングケースと位置付けられる[24]。

　前述のとおり、消費税の基本的な課税要件は、1）事業性の有無、2）対価性の有無、及び3）資産の譲渡及び貸付け並びに役務の提供該当性、の3要素であるものと考えられる。本件はこのうち2）の意義（消法2①八）について

24　例えば、太郎良留美「課税仕入れにおける対価の意義」中里他編『租税判例百選（第6版）』（有斐閣・2016年）170頁参照。

争われた事案である。

消費税の場合、法人税とは異なり、対価を伴わない取引については、原則として課税されることがない。それは、一般に以下のとおり説明される。

すなわち、対価を伴わない取引の場合、次の取引段階において仕入税額が減少し、その分だけ納付すべき税額が増加するから、おのずから税負担の調整が行われること、また、それが最終消費者との間で行われた場合には、消費税が建前上消費そのものではなく消費支出に担税力を認めて課税されるものであるため、これに課税する必要がないためと考えられること、がその理由とされている[25]。

また、本件を含めた裁判例の検討から、対価性という基準が果たす機能として、法的性格にはとらわれず[26]、広く消費に向けた支出（消費支出[27]）を捕捉し、あくまで無償による資産の譲渡等を除外することに力点が置かれていると理解すべきとの見解[28]にも、説得力があるだろう。

〈「明白な対価関係基準」及び「対価の具体的対応性基準」〉

一審で裁判所は、弁護士会側の「事務処理という役務の提供によって」会員弁護士が「受任の機会を得た」ということを重視し、「その反対給付として本件各受任事件負担金を支払うこととされているものということができ、当該役務の提供と本件各受任事件負担金との間には明白な対価関係がある。」と判示している。

25　金子宏『租税法（第二十三版）』（弘文堂・2019年）793頁。

26　吉村教授は、私法や他の税法でも「対価」という用語は頻出するが、それぞれにおいて厳密に定義づけられているわけではなく、その意味する内容は必ずしも一様ではない、ということを指摘する。吉村典久「消費税の課税要件としての対価性についての一考察」金子宏編『租税法の発展』（有斐閣・2010年）401-404頁。

27　富山地裁平成15年5月21日判決・税資253号順号9349は、「消費税とは、一般的に、物品やサービスの消費支出に担税力を認めて課される租税をいうものであって、国民に対し、消費支出に現れる経済的な負担能力に応じた負担を求めるものである」と判示している。控訴審である名古屋高裁金沢支部平成15年11月26日判決・税資253号順号9473も原審を引用し当該判断を維持している。

28　吉村政穂「消費税における「対価」の意義と購入型クラウドファンディング」金子宏・中里実編『租税法と民法』（有斐閣・2018年）414頁。

要するに、弁護士会が会員に仕事を斡旋し、その対価として手数料に相当する負担金を徴収しているので、当該負担金は積算根拠こそ明確とはいえないものの、消費税の課税取引と扱われるべきと解しているものと考えられる。

　なお、ここでいう「明白な対価関係」とは、役務提供に関する消費税法基本通達 5 - 5 - 3 及び同 5 - 5 - 4 において、「組合等がその構成員から受ける会費等は、構成員に対して行う役務提供等との間に明白な対価関係があるかどうかで資産の譲渡等の対価であるかを判定する」とする基準に沿ったものであると考えられる。そこで、ここでは当該判断基準を「明白な対価関係基準」と呼ぶこととしたい。

　ところで、本件以外にも消費税法における対価ないし対価性の意義が問われた裁判例はいくつもあるが、何故たびたび争われるのかといえば、それは消費税法に「対価」とは何を指すのかが規定された条文がないためである。そのため、消費税法における対価ないし対価性の意義を検討する際に重要になるのは、消費税法の趣旨・目的に照らして検討するという手法であろう[29]。

　その点に関し、控訴審では、「事業者が収受する経済的利益が、消費税の課税要件としての「資産等の譲渡（本件においては役務の提供）」における対価に該当するためには、事業者が行った当該個別具体的な役務提供との間に、少なくとも対応関係がある、すなわち、当該具体的な役務提供があることを条件として、当該経済的利益が収受されるといい得ることを必要とする」と判示しており、ここでは当該判断基準を「対価の具体的対応性基準」と呼ぶこととしたい[30]。

　消費税法において「対価性」の意義を「明白な対価関係基準」又は「対価の具体的対応性基準」により判定するという手法は、付加価値税の基本的な考え方とも符合しているものと考えられる。

29　吉村前掲注26論文401頁。
30　吉村教授は課税資産の譲渡等と（反対）給付＝支出との間の関連性は「一般的・抽象的な関連性だけで十分であり、具体的・個別的関連性を要求するものではない」とするが、本件高裁の判示に照らすとやや疑問が残るところである。吉村前掲注26論文409頁。

すなわち、付加価値税制において資産の譲渡等（sales）が課税されるのは、当該譲渡等につき対価（consideration）があることが要件となるが、この場合の対価については、資産の譲渡等との間に十分な関連性ないし関係性（sufficient link or connection）が必要となるのである[31]。

　ただし、「明白な対価関係基準」は、実質的に「対価の具体的対応性基準」とどのように異なるのか、本件裁判例（及び次の **Case 2-10**）では必ずしも明らかであるとはいえない。むしろ、「明白な対価関係基準」は通達で示されたガイドラインであることから、吉村教授が指摘するように、それは「謙抑的な行政権力行使の考えに基づく税務執行上の一応の基準を立てたものに過ぎず、役務提供と（反対）給付との因果関係的関連性基準以外に「明確性基準」を立てたものと理解すべきではな[32]」く、対価性の基準はあくまでも消費税法に求めなければならないということになるだろう。

　そのため、今後の裁判例においてこの点のさらなる明確化が望まれるところである[33]。

〈対価性の判定要素としての任意性と同等性〉

　さらに控訴審では、控訴人（京都弁護士会）から提示された、消費税の課税対象となる対価であると評価されるためには、任意性と同等性の2つの要素を満たす必要があるという見解[34]について検討している。

　まず「任意性」について見ると、確かに、消費税の課税対象は、収受される経済的利益が自由な市場における価格決定の対象になっているものが通常であるとは考えられるものの、それに限定される必要はなく、役務の提供により付

31　Alan Schenk, Victor Thuronyi, and Wei Cui, *Value Added Tax, A Comparative Approach*, Second Edition, Cambridge University Press（2015）, at 105.

32　吉村前掲注26論文405-406頁。

33　田中教授は、消費税法に対価性に係る規定がないことがその判断基準の曖昧性を招いているとして、裁判所による解釈の明確化のみならず、「より明確で合理的な文言に基づく立法が望まれる」旨を提言している。田中治「消費税における対価を得て行われる取引の意義」北野弘久先生追悼論集刊行委員会編『納税者権利論の課題』（勁草書房・2012年）576頁参照。

34　これは田中教授が一審において提出した意見書に既に提起された考え方である。田中前掲注33論文555-576頁参照。

○ 「対価」の構成要素としての任意性と同等性

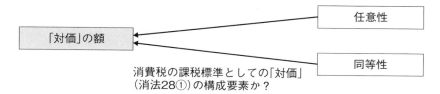

加価値を生み出しており、その付加価値は支出額（対価）によって評価され、しかもその役務提供と対価との間には十分な関連性ないし関係性がある（「少なくとも対応関係がある」）ことから、課税の対象とするのが相当である。その意味で、裁判所の判断は妥当であると考えられる。

次に「同等性」についてみると、「現実の価値の大小というあいまいな概念を、最も明確であるべき課税要件の判断を大きく左右する要素として持ち込むことは妥当でない」として、要件に含めることを認めていない。これも、通常は役務提供の内容とその対価は「同等」であると考えられるが、必ずしもそこに縛られる必要はなく、役務の提供により付加価値を生み出しており、かつその役務提供と対価との間には十分な関連性ないし関係性がある（「少なくとも対応関係がある」）以上、課税の対象とするのが相当である。

その意味で、この点についても裁判所の判断は妥当であると考えられる。

Case 2-10 会員制クラブ入会時において徴収する費用の対価性

[1] 事例の説明

本件は、会員制リゾートクラブを運営していた株式会社O（平成22年に破産）の消費税の申告に関し、入会者から徴収する様々な名目の金銭のうち、返還が予定されている預託金以外の金銭について、それが消費税法第2条第1項第8号に規定する「資産の譲渡等」の対価に該当するかどうかが問題となった事案である（岡本倶楽部事件、東京地裁平成26年2月18日判決・税資264号順号12411、

TAINS Z264-12411、確定）。

　当該会員制リゾートクラブの会員募集は、第２次募集から第４次募集まで行われている。その中で最も入会者数が多かった第２次募集においては、会員資格を得るためには、「施設使用預託金」（５年後に無利息で返還）及び「施設使用料」（返還されず）の合計額を支払うこととされていた。また、会員はブロンズ、シルバー、ゴールド及びプラチナの４種類の区分に応じてポイントが付与され、同クラブが提携する国内11か所のホテルに宿泊する際、宿泊費に当該ポイントを充当することができた。

　なお、当該会員制リゾートクラブ（岡本倶楽部）は、静岡県熱海市などで旅館を経営する「岡本ホテルグループ」が運営していたが、その資金集めの手法等につき違法性があったとされており、警視庁組織犯罪対策４課などが平成23年２月８日までに、預託金名目で現金約３億円をだまし取るなどしたとして、同グループの元オーナーで元山口組系暴力団組員ら10人を組織犯罪処罰法違反（組織的詐欺）容疑で逮捕した。その後、当該元オーナーは平成25年５月30日に東京地裁で懲役18年の有罪判決を受けている。

[2] 本件の争点

　本件金員（上記 [1] 中の「施設使用料」）は何に対する対価であるか。すなわち、本件金員の収受は、消費税法第２条第１項第８号所定の「資産の譲渡等」に該当するか。

　原告・破産管財人は、本件金員は宿泊ポイント（物品切手等）の対価で資産の譲渡等の対価に該当しないと主張している。一方、被告・課税庁は、本件金員がリゾートクラブの会員資格付与という役務提供の対価で資産の譲渡等に該当するとしている。

[3] 裁判所の判断

　「課税の対象である経済活動ないし経済現象は、第一次的には私法によって規律されているところ、課税は、租税法律主義の目的である法的安定性を確保

するという観点から、原則として私法上の法律関係に即して行われるべきである。そして、本件金員は、B（筆者注：会員制リゾートクラブ）の会員になろうとする者が、本件入会契約に基づき、本件破産会社に対して支払うものであるから、本件金員が何に対する対価であるかについては、本件各会員及び本件破産会社の両者を規律している本件入会契約の解釈によって定まるというべきである。

　さらに、本件破産会社及び本件各会員が、本件入会契約について、本件契約書を作成していることに鑑みれば、本件入会契約の解釈は、原則として、本件契約書の解釈を通じて行われるべきものであるが、その際、本件入会契約の前提とされていた了解事項（共通認識）や本件破産会社による勧誘時の説明内容といった、本件入会契約の締結に至る経緯等の事情をも総合的に考慮して判断する必要があるというべきである。（下線部筆者）」

　「本件金員は、本件契約書において「施設使用料」と表記されているものの、「施設使用料」の具体的内容が定義付けられてはおらず、本件契約書を精査しても、本件破産会社が本件金員をいかなる趣旨で収受したのか（本件金員が何の対価であるか）を直接規定した部分はない。

　この点、被告は、本件会員資格条項によれば、本件金員が会員資格の対価であると解釈すべきであるという趣旨の主張をしている。しかしながら、本件会員資格条項は、Bの会員になろうとする者が「施設使用料、及び施設使用預託金の払込みを終えたとき、会員資格を取得する」と規定しているにすぎず（中略）、上記のとおり、「施設使用料」（本件金員）の具体的内容が定義付けられているわけではない以上、本件会員資格条項が、会員資格の取得時期ないし取得要件に加え、本件金員の対価関係までをも定めたものであると直ちには解し難い。」

　「そこで、前記認定事実（本件入会契約の締結に至る経緯等）をも踏まえて検討するに、本件破産会社は、第1次募集において、本件入会時費用の全てを本件預託金としており、本件1次会員から入会金等を収受していなかったことは明らかである（中略）。さらに、本件破産会社は、第2次ないし第4次募集

においても、一貫して入会金等が不要である旨を宣伝して、本件各パンフレット及び本件説明用資料においても、その旨を明記していたのであるから（中略）、このような経緯に鑑みれば、本件破産会社及び本件各会員が、本件入会契約の締結時において、Ｂに入会する際には入会金等が不要であるとの共通認識を有していたことは優に推認することができる。

　この点、被告は、本件金員が消費税法基本通達５−５−５にいう「入会金」に該当する旨主張しているが、上記検討によれば、本件契約書における施設使用料（本件金員）を「入会金」と解釈するのは困難であるといわざるを得ない。（下線部筆者）」

　「本件各会員の大半は、第２次募集に応じてＢに入会した会員であるところ（中略）、本件破産会社が、第２次募集の際、本件金員について同額の宿泊ポイントを初年度（入会時）に付与する旨を説明し、本件説明用資料においても同趣旨を強調していたことが認められる。さらに、本件破産会社が、本件チケットを発行していた当時（第２次募集当初）において、本件金員が（本件金員と同額の）「チケット代」である旨をパンフレット及び会員規約に明記していたこと（中略）を併せ考えれば、本件金員（施設使用料）は、第２次募集において、初年度（入会時）に付与される宿泊ポイント（少なくとも本件金員と同額分）の対価として収受されたものであると認めることができる。

　本件契約書の文言（「施設使用料」）の解釈という観点からみても、本件各ホテルの使用料（宿泊代金等）は、宿泊ポイントを用いて支払われることが予定されており（本件会員サービス条項）、本件各会員は、本件入会時費用を払い込みさえすれば、５年間にわたり、新たな支出を全くすることなく、本件各ホテルを使用することができること〔なお、本件破産会社は、（中略）、他社の会員権と比較して「完全ポイント制」などと宣伝していた。〕に鑑みれば、本件金員が宿泊ポイントの対価であると解釈することに、特段不自然、不合理な点はないというべきである。（下線部筆者）」

　「本件金員（施設使用料）は、これと同額の宿泊ポイントに対する対価として収受されたものと解することができるところ、宿泊ポイントは、本件カード

ないし本件チケットに表彰され、本件各会員は、宿泊ポイントと引換えに、本件各ホテルにおける宿泊サービス等を受けることができ、かつ、当該宿泊サービス等を受けたことによって、その対価の支払債務を負担しないものであるから、宿泊ポイントは物品切手等に該当する（消費税法基本通達6-4-4参照）。なお、宿泊ポイントが物品切手等に該当することについては、当事者間に争いがない。

　本件金員が物品切手等（宿泊ポイント）の発行に対する対価である以上、その収受は、「資産等の譲渡」（消費税法2条1項8号）には該当しないというべきである（消費税法基本通達6-4-5参照[35]）。

　なお、消費税法基本通達6-4-5は、その文言上、物品切手等が現実に発行された場合を前提にしているものと解されるところ、本件金員が宿泊ポイントの対価であるとしても、宿泊ポイントが現実に発行されていない部分については、上記基本通達が直接当てはまるわけではない（特に、第3次及び第4次募集においては、本件金員と同額分の宿泊ポイントが初年度〔入会時〕に全て発行されるわけではないため、現実に発行されていない部分が必ず生じることとなる。）。しかしながら、前記検討のとおり、本件破産会社が宿泊ポイントを複数年度に分けて発行するからといって、既に収受した本件金員が宿泊ポイント（少なくとも本件金員と同額分）に対する対価であることに変わりはない。そして、物品切手等の発行に係る金品の収受が不課税取引とされている趣旨は、物品切手等を発行する行為が、物品切手等に表彰される権利を発生させるものであり、自己の有する資産を譲渡するものではないからであると解されることに鑑みれば、本件金員について現実に宿泊ポイントが発行されていない部分があることは、本件金員の収受が資産の譲渡等に該当しないとの上記結論を左右するものではない。（下線部筆者）」

　「よって、本件各更正処分等の取消しを求める原告の請求はいずれも理由が

35　物品切手等の発行は、物品の給付請求権等を表彰する証書の発行行為であるため、資産の譲渡等には該当しない、と解されている。また、物品切手等の譲渡は非課税とされている（消法6①、別表第1四ハ）。

あるからこれを認容」する。

［4］ 本裁判例から学ぶこと

1 租税法における解釈の基本原則

　本事案は、会員制リゾートクラブが、その会員から収受した金員（施設利用料名目）が、消費税法上、何の対価であるかが問われたもので、納税者が勝訴したところである。

　本事案に関する裁判所の判示で、われわれ実務家が最も参考になると考えられるのは、具体的な解釈の内容というよりは、むしろその基本原則ないしスタンスではないかと考えられる。

　すなわち、裁判所は私法上の取引に関する租税法の解釈のあり方について、以下のとおり指針を示している。

> 　課税の対象である経済活動ないし経済現象は、第一次的には私法によって規律されているところ、課税は、租税法律主義の目的である法的安定性を確保するという観点から、原則として私法上の法律関係に即して行われるべきである。

> 　そして、本件金員は、B（筆者注：会員制リゾートクラブ）の会員になろうとする者が、本件入会契約に基づき、本件破産会社に対して支払うものであるから、本件金員が何に対する対価であるかについては、本件各会員及び本件破産会社の両者を規律している本件入会契約の解釈によって定まるというべきである。

> 　さらに、本件破産会社及び本件各会員が、本件入会契約について、本件契約書を作成していることに鑑みれば、本件入会契約の解釈は、原則として、本件契約書の解釈を通じて行われるべきものであるが、その際、本件入会契約の前提とされていた了解事項（共通認識）や本件破産会社による勧誘時の説明内容

といった、本件入会契約の締結に至る経緯等の事情をも総合的に考慮して判断する必要があるというべきである。

上記から読み取れるのは以下の点である。

① 課税は、租税法律主義の目的である法的安定性を確保するという観点から、原則として「私法上の法律関係」に即して行われるべき

⇒私法上の法律関係により経済的効果が生じ、当該経済的効果に対して課税を行うのであるから、法的に安定した、一義的な課税を行うためには、私法上の法律関係を正確に理解し把握することが前提となる。

② 私法上の取引に対する課税は、「契約の解釈」によって定まるというべき

⇒私法上に法律関係は、原則として契約の解釈によって決まる。

③ 契約の解釈は、原則として、契約書の解釈を通じて行われるべきものであるが、その際、契約の前提とされていた了解事項（共通認識）や契約当事者による勧誘時の説明内容といった、「契約の締結に至る経緯等の事情をも総合的に考慮して判断」する必要があるというべき

⇒契約の解釈の際には、その文言のみにとらわれず、契約の締結に至る経緯等の事情をも総合的に考慮して判断することが肝要である。

いずれも税法解釈の基本指針を示しており、われわれ実務家は常に念頭に置くべき文言ではないかと考えるところである。

2 消費税法上の対価の解釈

消費税法上の対価の解釈については、前問 Case 2-9 で検討したところである。そこでは、大阪高裁平成24年3月16日判決・訟月58巻12号4163頁において、「具体的な役務提供があることを条件として、当該経済的利益が収受されるといい得ることを必要とする」（対価の具体的対応性基準）と判示されたという点を確認した。

また、通達では、返還しない入会金は、組合等がその構成員に対して行う役務提供等との間に「明白な対価関係」があるかどうかで資産の譲渡等の対価で

あることを判定するとしている（消基通5-5-4、明白な対価関係基準）。

○　消費税法上の「対価」の判断基準

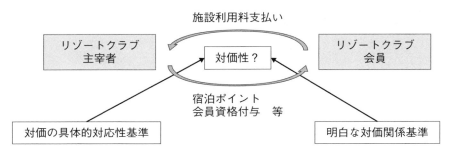

施設利用料支払い

リゾートクラブ
主宰者

対価性？

リゾートクラブ
会員

宿泊ポイント
会員資格付与　等

対価の具体的対応性基準

明白な対価関係基準

　上記の判断基準が本件にどのように適用されるかであるが、まず問題となる
対価である「本件金員」は、会員制リゾートクラブの「施設利用料」である点
が重要である。

　しかし、裁判所が認定したとおり、契約書上、「「施設使用料」（本件金員）
の具体的内容が定義付けられているわけではない」ことから、大阪高裁平成24
年3月16日判決で示された基準である「対価の具体的対応性基準」からは外れ
ることとなる。

　また、「「施設使用料」の具体的内容が定義付けられてはおらず、本件契約書
を精査しても、本件破産会社が本件金員をいかなる趣旨で収受したのか（本件
金員が何の対価であるか）を直接規定した部分はない」ことから、通達のいう
「明白な対価関係基準」を満たすとも考え難い。むしろ、「本件金員（施設使用
料）は、（中略）、初年度（入会時）に付与される宿泊ポイント（少なくとも本
件金員と同額分）の対価として収受されたものであると認めることができる」
のであり、当該宿泊ポイントが物品切手等に該当する（これは原告・被告間で
争いがない）以上、「その収受は、「資産等の譲渡」（消費税法2条1項8号）
には該当しないというべきである（消費税法基本通達6-4-5参照）」。

　そうなると、当該施設利用料は役務提供の対価には該当しないと解する裁判
所の判断は妥当と考えられる。

Case 2-11 通常生活の用に供する物品と輸出免税

[1] 輸出物品販売場制度

　中国人観光客による「爆買い」が一頃話題になったように、観光立国による　インバウンド消費の拡大がわが国における成長戦略の一翼を担うことが期待されているところであるが、そのインバウンド消費の受け皿として近年整備が進んでいるのが「輸出物品販売場制度」である。

　輸出物品販売場制度とは、いわゆる免税店（Duty Free Shop, 輸出物品販売場）を経営する事業者（課税事業者に限る）が、外国人旅行者などの非居住者に対し、免税対象物品を一定の方法で販売する場合に、消費税が免除（免税）される制度である（消法8①）。

　輸出物品販売場において免税販売を行うためには、以下の5つの要件のすべてを満たすことが必要である。

① 輸出物品販売場の許可を得ていること
② 非居住者に対する販売であること
③ 免税対象物品の販売であること
　・一般物品（消耗品以外のもの）については、同一の非居住者に対する同一店舗における1日の販売額の合計が5千円以上のもの
　・消耗品（食品類、飲料類、薬品類、化粧品類その他の消耗品）については、同一の非居住者に対する同一店舗における1日の販売額の合計が5千円以上50万円以下の範囲内のもの
　・金又は白金の地金は当該物品に含まれない
④ 輸出物品販売場の区分に応じ所定の手続きにより販売すること
⑤ 「購入者誓約書」等を保存していること

　輸出物品販売場（一般型及び手続委託型）における免税対象物品の販売と免税手続きのフローを図で示すと次ページのとおりとなる。

　上記制度の整備等により、平成26年4月には全国で5,777店であった輸出物

○ **一般型輸出物品販売場における免税対象物品の販売と免税手続きのフロー**

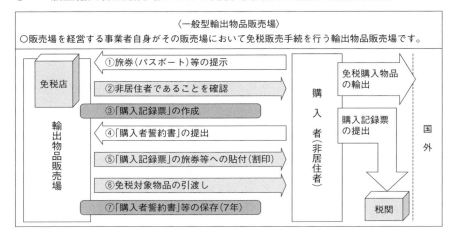

〈一般型輸出物品販売場〉

○販売場を経営する事業者自身がその販売場において免税販売手続を行う輸出物品販売場です。

○ **手続委託型輸出物品販売場における免税対象物品の販売と免税手続きのフロー**

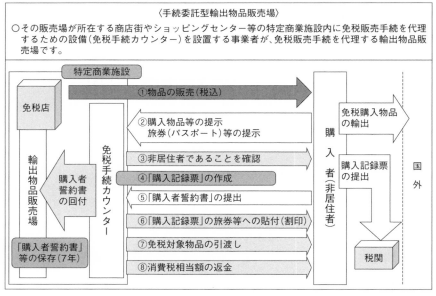

〈手続委託型輸出物品販売場〉

○その販売場が所在する商店街やショッピングセンター等の特定商業施設内に免税販売手続を代理するための設備（免税手続カウンター）を設置する事業者が、免税販売手続を代理する輸出物品販売場です。

〈出典〉国税庁「輸出物品販売場制度のポイント」（平成31年4月）2頁

品販売場が、平成31年4月には50,198店にまで増加している[36]。

[2] 事例の説明

上記【1】で説明した輸出物品販売場において外国人旅行者のような非居住者に対して販売する物品のうち、免税対象物品を譲渡した場合、消費税が免除されるのであるが、免税対象物品であるかについては、まず「通常生活の用に供する物品」であるかどうかが基準となる（消令18①）。

この「通常生活の用に供する物品」の該当性が争われた事例があるので、以下で見ていきたい（山口地裁平成25年4月10日判決・訟月60巻4号918頁、TAINS Z263-12194）。

原告は平成12年6月、下関税務署長に対し、消費税法第8条第6項に基づく輸出物品販売場許可申請を行い、同月に輸出物品販売場許可を受けた。

原告は当該許可を受けた後、日本国内において家電製品、食料品及び雑貨の販売業を営んでいたが、下関税務署長に対し、家電製品の販売に係る売上を課税資産の譲渡等の対価の額に含めずに消費税の課税標準額を算出するなどして、平成17年10月1日～平成17年12月31日までの課税期間から平成20年4月1日～平成20年6月30日までの課税期間（すべて3か月の課税期間）に係る消費税等の申告及び平成19年分の所得税の申告をしたところ、下関税務署長から、消費税等に関して消費税等の各更正処分及び過少申告加算税等の各賦課決定処分を、所得税に関して平成19年分の所得税の更正処分及び過少申告加算税の賦課決定処分を受けた。

そこで、原告が、本件各課税処分は違法であると主張して、本件消費税各更正処分のうち確定申告又は修正申告に係る納付（還付）すべき消費税等の税額を超える部分、当該部分に係る本件消費税各賦課決定処分、本件所得税更正処分のうち確定申告に係る納付すべき所得税の税額を超える部分、及び、当該部分に係る本件所得税賦課決定処分の各取消しを求めた事案である。

36　財務省編『令和元年度税制改正の解説』832頁。

[3] 本件の争点

　本件における争点は、本件各課税処分の適法性であり、その中で消費税に関する主たるものは以下の2点である。

■争点1：本件各課税期間における家電製品の販売に係る消費税につき、消費税法第8条（輸出物品販売場における輸出物品の譲渡に係る免税）による免税が認められるか

■争点2：本件家電製品販売に係る消費税につき、消費税法第7条（輸出免税等）による免税が認められるか

[4] 裁判所の判断

〈争点1について〉

　「原告は、住所地（山口県下関市）において、「A」の屋号で、家電製品や雑貨の販売業を営み、本件各課税期間において本件家電製品を販売したものであり、当該販売は、国内において事業者が行った課税資産の譲渡等に当たる。そこで、以下、原告における本件家電製品販売に係る消費税につき、消費税法8条による免税が認められるか否かにつき検討する。」

　「消費税法8条1項は、輸出物品販売場において、非居住者に対し政令で定める物品で輸出するため所定の方法で購入されるものを譲渡する場合、事業者に対し消費税を免除する旨を定め、消費税法施行令18条1項は、上記物品を、「通常生活の用に供する（ママ）品」と規定するところ、<u>「通常生活の用に供する物品」とは、当該非居住者が通常の生活において用いようとする物品を指すのであって、その者が国外における事業用又は販売用として購入することが明らかな物品は含まれないと解するのが、消費税法7条の定める輸出免税制度のほかに輸出物品販売場による免税制度を設けた趣旨に照らし相当である。</u>（下線部筆者）」

　「これを本件についてみるに、（中略）、本件家電製品販売につき特定されている本件購入者らは12名であるところ、これらの者の本件各課税期間における

合計購入金額は、戊は3億6,304万8,160円、Qは7,111万6,780円、Rは1億170万6,640円、Sは817万2,100円、Tは5,970万340円、Uは2,328万8,300円、Vは4,706万2,500円、Wは667万9,260円、Xは6,089万200円、Yは1,866万9,400円、fは581万7,500円、gは1,692万6,340円と、いずれも極めて多額であること、本件購入者らのうちS、f以外は本件家電製品を複数回にわたり購入しており、中でも、戊、Q、R、T、V、X及びYの購入回数は、いずれも10回以上であって、反復継続的に購入していたことが認められること、S、fの購入回数は1回であるものの、Sはデジタルカメラ等241台（販売金額623万9,100円）及びシェーバー1,300台（販売金額191万1,000円）を、fはデジタルカメラ等77台（販売金額493万5,500円）及びシェーバー600台（販売金額88万2,000円）を購入するなど、いずれも多量の同種商品を購入していること、本件家電製品販売においては、購入者が購入の時点で販売代金の全額を現金で支払うことは稀であり、後日、原告の口座に振り込む方法もとられていたこと、上記方法により販売された本件家電製品については、振り込まれた販売代金の振込名義人は本件購入者らではなかったことがそれぞれ認められる。

　上記のような販売状況（販売回数、販売数量及び販売金額）からすると、本件購入者らが土産物にする目的で本件家電製品を購入したものとは到底考えられない上、上記販売状況や、本件家電製品の一部につき後日の振込みという方法が用いられ、その場合の振込名義人が本件購入者らではないことからすると、本件購入者らは家電製品の買い付けを行う事業者であると推認するのが相当であることにも照らせば、本件購入者らは、本件家電製品を通常の生活において用いようとする物品として購入しようとしたのではなく、事業用又は販売用に購入したことが明らかであるというべきである。

　したがって、原告が本件購入者らに対して行った本件家電製品の販売については、通常生活の用に供する物品の譲渡に当たらず、消費税法8条1項にいう政令で定める物品の譲渡に該当しない。（下線部筆者）」

〈争点2について〉

　「消費税法7条1項による消費税の免除が認められるには、同条2項により

その課税資産の譲渡等が、輸出として行われる資産の譲渡等に該当することにつき、財務省令で定めるところによる証明が必要であり（同条2項）、具体的には、税関長から交付を受ける輸出の許可があったことを証する書類や、輸出の事実を当該税関長が証明した書類等を保存する必要がある（消費税法施行規則5条1項）。

　これを本件についてみると、（中略）、原告が異議申立て及び審査請求時に提出した本件各課税期間に係る輸出許可通知書（175件）のうち、原告名義のものは52件のみで、残りはE等の他社名義であったことが認められ、原告名義の52件以外は原告名義で輸出の申告がされたものではないから、当該輸出許可通知書は、税関長が原告に対して輸出の許可をしたものとみることはできない。

　原告名義での輸出許可通知書については、国税不服審判所の裁決（中略）において、購入者誓約書に記載された電化製品の「品名」、「数量」、「単価」及び「販売価格」と原告名義の輸出許可通知書に記載されたそれらが一致すべきであるのに全てが一致するインボイス上の取引が存在しないなどとして、実際に輸出されたか否かは明らかでないとされた。原告は本件訴訟においても、本件家電製品販売のうちどの取引が消費税7条の適用を受けるのかを特定せず、上記書類等に該当する書証を提出しないなど、本件家電製品販売が消費税法7条の適用を受けることについて具体的な主張立証をしないから、本件家電製品販売が消費税法7条1項の適用を受けると認めることはできない。

　原告は、本件訴訟において、平成16年11月25日付けのインボイスや、同日を申告年月日とする原告名義の輸出許可通知書等を書証として提出する（中略）が、作成日等に照らし、これらが本件各課税期間における本件家電製品販売と関連しないことは明らかである。（下線部筆者）」

　「原告は、インボイス等に記載された物品に本件家電製品以外の物品が混入していたとしても、また、輸出許可通知書にEやF等、原告以外の名義のものが含まれているとしても、原告が本件家電製品を輸出したことは間違いないとの趣旨の主張をする。

しかしながら、乙（原告の子であり、従業員）は、調査の際にインボイスに記載されている商品全てが原告が販売したものではないと申述したことが認められる上、丙が、購入者誓約書に記載のある商品は、購入者が携行するか、原告が輸出するか、いずれかの方法で国外に持ち出されているが、どの商品がいずれの方法で持ち出されたのかは区別できない旨証言していることにも照らすと、仮に本件家電製品の中に原告が輸出したものが含まれるとしても、それを特定することはできない。結局、本件家電製品につき消費税法7条2項の証明はないといわざるをえず、原告の上記主張は採用できない。（下線部筆者）」

「以上によれば、本件家電製品販売について消費税法7条2項の証明がなされておらず、したがって、同条1項による消費税の免除を認めることもできない。」

なお、本件の控訴審（広島高裁平成25年10月17日判決・税資263号順号12309、TAINS Z263-12309）でも納税者の請求は棄却され、上告（最高裁平成27年3月3日決定・税資265号順号12617、TAINS Z265-12617）は不受理で確定した。

[5] 本裁判例から学ぶこと

最近、外国人観光客向けの消費税免税制度を悪用し、消費税の不正還付を行う事案がいくつか報道されている。

例えば、埼玉県の免税店業者の場合、中国人観光客に加熱性たばこ約8億円分を免税販売し、消費税約6,000万円の還付請求を行ったが、関東信越国税局の税務調査で、当該業者がSNSで短期滞在の中国人らを募集し、謝礼と引き換えにパスポート番号などの情報を得て購入記録を偽造していたことが分かったため、還付が認められないばかりでなく、重加算税など約2,000万円が追徴課税されたという[37]。

また、大阪のドラッグストアの場合、免税が適用できない商品の販売につきレシートを分割発行するなどして免税販売であったかのように仮装し、不正に

37　令和元年12月25日付け朝日新聞

消費税の還付を受けたとして、大阪国税局から2年間で重加算税を含む約4,000万円の追徴課税を受けた[38]。

　税務当局は、このような不正に対処するため、平成30年度の税制改正により、令和2（2020）年4月から消費税の免税販売手続きを電子化し（消令18⑤〜⑩）、令和3（2021）年10月以降はすべての販売データが即時に国税庁に提供される仕組みを導入する予定である。

○　**免税販売手続きの電子化のイメージ図**

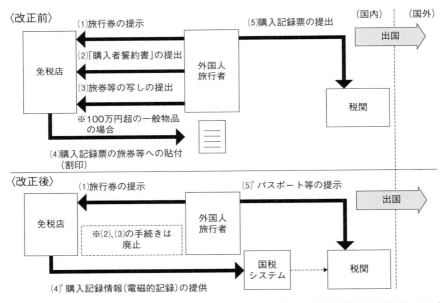

〈出典〉財務省編『平成30年度税制改正の解説』952頁

　税務当局の上記のような取組みは不可欠であると考えるが、一方で、そもそもわが国の輸出物品販売場制度は租税政策上、妥当な制度であるといえるのかについて、本格的な議論が必要ではないかとも考えるところである。

38　令和元年12月25日付け産経新聞

例えば、付加価値税率の高い欧州を旅すると多くの方が気づくと思われるが、欧州においても旅行者に対する付加価値税免税制度があるものの、その恩恵に与るためには、空港の分かりにくいカウンターまで出向いて手続きを行わなければならないなど、旅行者にとって必ずしも使い勝手の良い制度とはいえない。

　その点、わが国の制度は、以下の表のように数次の制度改正を経て、外国人旅行者にとって非常に使い勝手の良い制度となっているが、「やりすぎ」の感もないではない。

○　これまでの外国人向け消費税免税制度の改正

時　期	内　容
第一弾（平成26年10月運用開始）	一般物品に加え、消耗品も免税対象に追加
第二弾（平成27年4月運用開始）	免税手続きの第三者への委託を可能とし、免税手続き一括カウンターの設置　等
第三弾（平成28年5月運用開始）	・一般物品の購入下限額引下げ ・購入者誓約書の電磁的記録による保存　等
第四弾	・一般物品と消耗品の合算（平成30年7月運用開始） ・免税販売手続きの電子化（令和2年4月運用開始予定）
第五弾（令和元年7月運用開始）	臨時免税店制度の創設

〈出典〉観光庁「外国人旅行者向け消費税免税制度の拡充」（令和元年12月12日）

　医療機関の控除対象外消費税の負担に対する還付制度には強硬に反対する財務省・税務当局が、いくら2020年における訪日観光客数4,000万人が政府の目標であるとはいっても、外国人旅行者の免税還付にここまで「前のめり」になって便宜を図ることは、果たして妥当な政策判断といえるのであろうか、疑問を禁じ得ないところである。

第 **3** 章

仕入税額控除
に関する判定誤り

1 仕入税額控除の意義

　消費税においては、課税の累積を排除するために、第1章 **1** ［2］に掲げる図で示されているように、前段階の税額である仕入れに係る税額（input tax）の控除が認められている。これを仕入税額控除（前段階税額控除）という。

　消費税法によれば、事業者が国内において課税仕入れを行った場合又は保税地域から課税貨物を引き取った場合には、これらの日の属する課税期間における売上に係る消費税額から、課税仕入れに係る消費税額及び課税貨物に係る消費税額を控除することとなっている（消法30①）。

　なお、課税仕入れに係る消費税額とは、支払対価の額に110分の7.8を乗じて算出した金額である（消法30①、地方消費税を含めれば110分の10となる[1]）。

　消費税の仕入税額控除の特徴は、そのタイミングにある。すなわち、所得税や法人税の場合と異なり、いわゆる「費用収益対応の原則」は適用されず、ある課税期間に仕入れた物品やサービスに含まれる消費税額は、その物品やサービスと当該課税期間における売上との対応関係にあるかどうかとは関係なく、原則としてその課税期間（課税仕入れを行った日）において控除されるのである（即時控除）[2]。

1　ただし、現行（令和元年10月以降）の標準税率である10％を前提としている。
2　金子宏『租税法（第二十三版）』（弘文堂・2019年）813頁。

○ 減価償却に関する法人税と消費税との違い

※ 耐用年数３年の減価償却資産を取得した場合

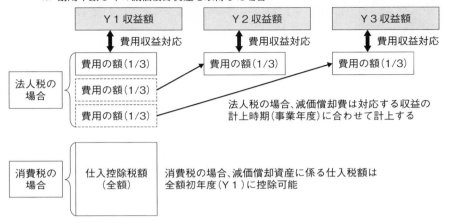

法人税の場合、減価償却費は対応する収益の計上時期（事業年度）に合わせて計上する

消費税の場合、減価償却資産に係る仕入税額は全額初年度（Ｙ１）に控除可能

2 帳簿方式による仕入税額控除

[1] 概要

　仕入税額控除は、原則として、事業者が保存する帳簿及び請求書等の証憑により行うこととなる[3]（消法30⑦）。このように帳簿及び請求書等の証憑により仕入税額控除を行う方式を帳簿（アカウント）方式といい、欧州における付加価値税のインボイス（税額表）方式と対比される。

　日本独自の制度である帳簿方式の下では、原理的に、売主が免税業者であり売上に含まれる消費税額を実際には納付しなくとも、買主が当該税額に係る仕入税額控除を行うことができるため、結果として消費税収が少なくなるという問題（益税問題）が生じる[4]。

　わが国の消費税制度における長年の懸案であった当該「益税」問題に対処するため、令和5（2023）年からようやく欧州と同様のインボイス制度（わが国においては適格請求書等保存方式）が導入されることとなった。

[2] 請求書等保存方式

　インボイス（適格請求書）制度及び適格請求書等保存方式についてみていく前に、まず軽減税率導入前の仕入税額控除の方式である請求書等保存方式について確認しておきたい。

　請求書等保存方式とは、事業者が仕入税額控除の規定の適用を受けるためには、確定申告期限から7年間にわたり、以下の事項が記載された帳簿及び請求

3　平成9年3月31日までは帳簿又は請求書等の保存であった。
4　もっとも、売主側では納付しなかった消費税額が売上高に含まれるため、通常法人税ないし所得税が課されることとなる。

書等[5]を保存することが義務付けられている方式をいう（消法30⑧一、⑨一）。

① 仕入先（請求書発行者）の氏名又は名称

② 仕入（取引）年月日

③ 取引の内容

④ 対価の額

⑤ 事業者（請求書受領者）の氏名又は名称

ただし、飲食店やタクシー業者など、不特定多数の顧客を相手にする業種の場合には、その交付する領収書・レシート等には買手や顧客の氏名や名称が記載されていないのが通例であるため、上記のうち⑤の記載は省略しても差し支えない（消令49④二）。

また、仕入金額が3万円未満の場合には、請求書等がなくとも帳簿[6]が保存してあれば仕入税額控除が認められる（消令49①一）。

さらに、仕入金額が3万円以上であっても、請求書等の交付を受けなかったことにつきやむを得ない理由があるときには、そのやむを得ない理由及び相手方の住所又は所在地を記載すること[7]により、上記①〜⑤を記載した帳簿の保存で足りることとなる（消令49①二）。

なお、ここでいう「やむを得ない理由」とは、以下の場合が該当するものとされている（消基通11-6-3）。

1）自動販売機を利用した場合

2）乗車券・搭乗券のように回収される場合

3）取引の相手方に請求書等の交付を請求したが、交付を受けられなかった場合

4）課税仕入れを行った課税期間末までにその支払対価の額が確定していない場合

---

5 請求書、納品書、領収書などの書類をいう。

6 ただし、帳簿に上記①〜④の事項を記載してあることが必須である（消法30⑧一）。

7 国税庁長官が指定する者（鉄道事業者や航空運送事業者等）については、その相手方の住所又は所在地の記載を省略できる（消令49①二、消基通11-6-4）。

5）その他上記に準じる場合

上記①〜⑤の要件を満たす帳簿（消法30⑧）及び請求書等（消法30⑨）の内容を表にまとめると、それぞれ以下のようになる。

○　**帳簿の要件**

課税仕入れに係る場合	課税仕入れの相手方の氏名・名称
	課税仕入れを行った年月日
	課税仕入れに係る資産又は役務の内容
	課税仕入れに係る支払対価の額
課税貨物に係る場合	課税貨物を保税地域から引き取った年月日
	課税貨物の内容
	課税貨物の引き取りに係る消費税額（地方消費税額を含む）

○　**請求書等の要件**

取引の相手方が作成した書類の場合	書類の作成者の氏名・名称
	課税資産の譲渡等を行った年月日
	課税資産の譲渡等に係る資産又は役務の内容
	課税資産の譲渡等の対価の額（税込価額）
	書類の交付を受ける事業者の氏名・名称
事業者自身が作成した仕入明細書・仕入計算書等の書類の場合（取引の相手方の確認を受けたものに限る）	書類の作成者（事業者）の氏名・名称
	課税仕入れの相手方の氏名・名称
	課税仕入れを行った年月日
	課税仕入れに係る資産又は役務の内容
	課税仕入れに係る対価の額

[3] 区分記載請求書等保存方式

消費税の仕入税額控除に関しては、令和元（2019）年10月1日の軽減税率導入と同時にインボイスを導入するのではなく、まず軽減税率導入前の制度である請求書等保存方式の微修正である「区分記載請求書等保存方式」を採用し、

制度の定着を待って、その4年後である令和5（2023）年10月1日から「適格請求書等保存方式」に変更することになる。

　それでは、当該区分記載請求書等保存方式とはどのような制度なのであろうか。

　従来の制度である請求書等保存方式に新たに加わる、区分記載請求書等保存方式独自の記載事項は以下のとおりである。

①　軽減税率の対象品目である旨

②　税率ごとに合計した対価の額

　国税庁のパンフレット[8]によれば、上記①（図中はⒶ）及び②（図中はⒷ）を反映した区分記載請求書の具体的な記載例は、以下の(1)〜(3)のとおりとなる。

(1)　請求書において、軽減税率の対象となる商品に「※」といった記号を表示する方法

・軽減税率の対象となる商品に「※」といった記号を表示し、かつ「※は軽減税率対象」といった表示を行う⇒Ⓐ
・標準税率（10％）及び軽減税率（8％）の税率ごとに区分して、それぞれ合計した課税資産の譲渡等の対価の額（税込）を記載する⇒Ⓑ

8　国税庁「軽減税率制度への対応には準備が必要です！」（平成30年12月）2頁。

(2) 一つの請求書に標準税率対象商品と軽減税率対象商品とを区分表示し、そのうち軽減税率対象商品についてはその全体に軽減税率が適用されていることを表示する方法

- 軽減税率対象商品については、その全体に軽減税率が適用されていることを表示している⇒**A**
- 標準税率（10％）対象商品と軽減税率（8％）対象商品とを区分表示している⇒**B**
- 標準税率（10％）対象商品と軽減税率（8％）対象商品とを一つの請求書に記載している

(3) 標準税率対象商品と軽減税率対象商品とを別の請求書に分けて作成する方法

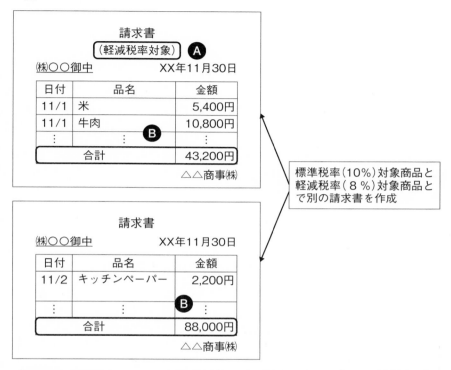

・軽減税率対象商品については、その請求書に記載されたすべての商品が軽減税率の対象である旨が分かるように表示⇒Ⓐ
・標準税率（10％）対象商品と軽減税率（8％）対象商品とを別の請求書に分け、区分表示している⇒Ⓑ

仮に、軽減税率の対象となる取引がない場合には、請求書に軽減税率の適用対象商品がゼロである旨を表示する必要はない。すなわち、区分記載請求書等保存方式においても、軽減税率の対象となる取引がない場合には、従来の請求書と表示面で何ら差はないこととなる。

なお、区分記載請求書等保存方式独自の記載事項である2項目（①及び②）は、仕入側で追記をすることが認められている（平28改正法附則34③）。

すなわち、区分記載請求書等保存方式導入以後は、取引の相手方から、新たに追加された2項目が何らかの理由で記載されてない請求書等を受け取った場合、そのままでは仕入税額控除の要件を満たさないこととなるが、仕入（購入）側で当該請求書等に2項目を追記して保存することで、仕入税額控除の要件を満たすのである。

一方、国税庁によれば、区分記載請求書等保存方式における帳簿の記載事例は以下のとおりとなる。

○　区分記載請求書等保存方式における帳簿の記載事例

総勘定元帳　【仕入勘定】			(税込経理)
XX年		適要	借方（単位：円）
月	日		
11	30	㈱○○物産　　　雑貨（11月分）	88,000
11	30	㈱○○物産　※食料品（11月分）Ⓐ	43,200
⋮	⋮	⋮	Ⓑ
			(※：軽減税率対象品目)

・軽減税率の対象となる商品に「※」といった記号を表示する⇒Ⓐ
・「※」などの記号が軽減税率の対象品目であることを記載する⇒Ⓑ

最後に、旧制度である「請求書等保存方式」と現行制度である「区分記載請求書等保存方式」とを比較してみると、右ページの表のようになる。

○ 請求書等保存方式と区分記載請求書等保存方式との比較表

	請求書等保存方式	区分記載請求書等保存方式
帳簿の要件	・相手方の氏名又は名称 ・課税仕入れを行った年月日 ・課税仕入れに係る資産又は役務の内容 ・課税仕入れに係る支払対価の額	・相手方の氏名又は名称 ・課税仕入れを行った年月日 ・課税仕入れに係る資産又は役務の内容（**軽減税率対象品目の場合、その内容及びその旨**） ・課税仕入れに係る支払対価の額
請求書等の要件	・作成者の氏名又は名称 ・課税資産の譲渡等を行った年月日 ・課税資産の譲渡等に係る資産又は役務の内容 ・課税資産の譲渡等の対価の額（税込価額） ・交付を受ける事業者の氏名又は名称	・作成者の氏名又は名称 ・課税資産の譲渡等を行った年月日 ・課税資産の譲渡等に係る資産又は役務の内容（**軽減税率対象品目の場合、その旨**） ・**税率ごとに合計した課税資産の譲渡等の対価の額**（税込価額） ・交付を受ける事業者の氏名又は名称

（注）　相違点（区分記載請求書等保存方式につき新たに加わった要件）は太字で示している。

3 インボイスによる仕入税額控除

[1] 適格請求書等保存方式

　消費税率に関する、5％から8％[9]を経由した10％への2段階引き上げの総仕上げとして、令和5（2023）年10月1日から、いよいよわが国においても、欧州型インボイス制度である「適格請求書等保存方式」が導入されることとなった。

　適格請求書等保存方式の下では、仕入税額控除の要件につき、原則として、帳簿のみならず適格請求書発行事業者から交付された適格請求書（インボイス）の保存が必要となる（新消法30⑦）。

　ここでいう、適格請求書を発行することができる「適格請求書発行事業者」となるためには、適格請求書発行事業者の登録申請書を税務署長に提出し、登録を受ける必要がある（新消法57の2）。

　当該登録申請書は、インボイス制度導入の2年前である令和3（2021）年10月1日から提出可能となる。適格請求書発行事業者の登録を受けると、当該事業者の氏名又は名称及び登録番号が「適格請求書発行事業者登録簿」に登載され、インターネットを通じて公表されることとなる（新消令70の5）。

　なお、適格請求書発行事業者は、基準期間における課税売上高が1,000万円以下であっても、免税事業者とはならない（すなわち自動的に課税事業者と扱われる、新消法9①カッコ書）。

　適格請求書等保存方式の下で新たに導入される、いわゆるインボイスとなる「適格請求書」とは、以下の事項が記載された書類（請求書、納品書、領収書、

9　平成26（2014）年4月1日に引き上げられている。

レシートなどをいう）をいう（新消法57の4①）。

① 適格請求書発行事業者の氏名又は名称及び登録番号

② 課税資産の譲渡等を行った年月日

③ 課税資産の譲渡等に係る資産又は役務の内容（軽減税率対象品目である場合には、その品目の内容及びその旨）

④ 課税資産の譲渡等の税抜価額又は税込価額を税率ごとに区分して合計した金額及び適用税率

⑤ 税率ごとに区分した消費税額等（消費税額及び地方消費税額の合計額）

⑥ 書類の交付を受ける事業者の氏名又は名称

国税庁のパンフレット[10]によれば、適格請求書の記載例は以下の図のとおりとなる。

○ **適格請求書の記載例**

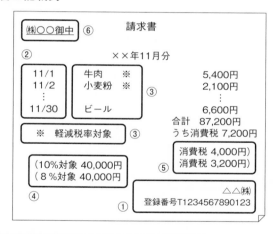

① 適格請求書発行事業者の氏名又は名称及び登録番号
② 課税資産の譲渡等を行った年月日
③ 課税資産の譲渡等に係る資産又は役務の内容（軽減税率対象品目である場合には、その品目の内容及びその旨）
④ 課税資産の譲渡等の税抜価額又は税込価額を税率ごとに区分して合計した金額及び適用税率
⑤ 税率ごとに区分した消費税額等
⑥ 書類の交付を受ける事業者の氏名又は名称

なお、すべての取引に関し上記の適格請求書の交付が義務付けられているわけではない。

　適格請求書等の交付を受けることが困難であると考えられる以下のような取引については、一定の事項を記載した帳簿のみの保存で仕入税額控除を行うことができる（新消令49①、新消規15の４）。

① 適格請求書の交付義務が免除される、３万円未満の公共交通機関（船舶、バス、鉄道）による旅客の運送

② 適格請求書の交付義務が免除される、自動販売機及び自動サービス機（コインロッカーやコインランドリーなど）からの３万円未満の商品の購入等

③ 適格請求書の交付義務が免除される、郵便切手類のみを対価とする郵便・貨物サービス（郵便ポストに差し出されたものに限る）

　また、国税庁のパンフレット[11]によれば、適格請求書等保存方式における帳簿の記載例は以下のとおりとなる。

○　**適格請求書等保存方式における帳簿の記載例**

総勘定元帳（仕入）　　　　③ ※は軽減対象				
XX年 ②　月　　日	摘要 ①　　　　③		税区分	借方（円）
11　　30	△△食品㈱	食料品※	8％	86,400
11　　30	○○食品㈱	文房具	10％	④ 44,000

① 課税仕入れの相手方の氏名又は名称
② 取引年月日
③ 取引の内容（軽減税率対象品目についてはその旨）
④ 対価の額

10 国税庁「消費税の仕入税額控除の方式として適格請求書等保存方式が導入されます」（平成30年４月）２頁。
11 前掲注10の３頁。

なお、帳簿には取引の相手方である適格請求書発行事業者の登録番号を記載することは求められていない。

最後に、区分記載請求書保存方式（アカウント方式の一種で経過措置的方式）と適格請求書等保存方式（インボイス方式）とを比較してみると、以下の表のようになる。

○　**区分記載請求書等保存方式と適格請求書等保存方式との比較表**

	区分記載請求書等保存方式	適格請求書等保存方式
帳簿の要件	・相手方の氏名又は名称 ・課税仕入れを行った年月日 ・課税仕入れに係る資産又は役務の内容（軽減税率対象品目の場合、その内容及びその旨） ・課税仕入れに係る支払対価の額	・相手方の氏名又は名称 ・課税仕入れを行った年月日 ・課税仕入れに係る資産又は役務の内容（軽減税率対象品目の場合、その内容及びその旨） ・課税仕入れに係る支払対価の額
請求書等の要件	・作成者の氏名又は名称 ・課税資産の譲渡等を行った年月日 ・課税資産の譲渡等に係る資産又は役務の内容（軽減税率対象品目の場合、その旨） ・税率ごとに合計した課税資産の譲渡等の対価の額（税込価額） ・交付を受ける事業者の氏名又は名称	・**適格請求書発行事業者の氏名又は名称及び登録番号** ・課税資産の譲渡等を行った年月日 ・課税資産の譲渡等に係る資産又は役務の内容（軽減税率対象品目の場合、**その品目の内容及びその旨**） ・**税率ごとに区分した課税資産の譲渡等の税抜価額又は税込価額の合計額及び適用税率** ・交付を受ける事業者の氏名又は名称

（注）　相違点（適格請求書等保存方式につき新たに加わった要件）は太字で示している。

[2]　適格簡易請求書

軽減税率導入に伴う仕入税額控除の適正化のために導入されるインボイス・適格請求書等保存方式であるが、従来の帳簿書類の保存制度と比較すると格段に事業者の事務負担が増加する。しかも、後述するように、事業者等が偽りの

請求書を発行した場合には、罰則が適用されるという点でも、従来の制度と比較するとより厳格な制度であるといえる。

　ところが、不特定多数の者に対して商品の販売等を行う小売業、飲食店業、タクシー業といた業種については、取引の相手方（買手）の情報を得ることが容易ではないケースも多く、適格請求書の記載要件をすべて満たすことが実務上困難である事態も想定されるところである。

　そこで、適格請求書発行事業者が、不特定かつ多数の者に課税資産の譲渡等を行う以下の事業を行う場合には、上記 **[1]** で説明した適格請求書に代えて、適格請求書の記載内容を簡素化・単純化した「適格簡易請求書」を交付することができることとなった（新消法57の4②、新消令70の11）。

① 　小売業
② 　飲食店業
③ 　写真業
④ 　旅行業
⑤ 　タクシー業
⑥ 　駐車場業（不特定かつ多数の者に対するものに限る）
⑦ 　その他これらの事業に準ずる事業で不特定かつ多数の者に資産の譲渡等を行う事業

　また、適格簡易請求書の簡素化・単純化された記載内容とは、以下の事項である（新消法57の4②）。

１）請求書発行事業者の氏名又は名称及び登録番号
２）課税資産の譲渡等を行った年月日
３）課税資産の譲渡等に係る資産又は役務の内容（軽減税率対象品目である場合には、その品目の内容及びその旨）
４）課税資産の譲渡等の税抜価額又は税込価額を税率ごとに区分して合計した金額
５）税率ごとに区分した消費税額等

国税庁のパンフレット[12]によれば、適格簡易請求書の記載例は以下の図のとおりとなる。

○ **適格簡易請求書の記載例**

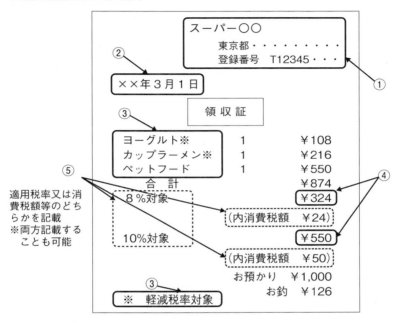

① 請求書発行事業者の氏名又は名称及び登録番号
② 課税資産の譲渡等を行った年月日
③ 課税資産の譲渡等に係る資産又は役務の内容（軽減税率対象品目である場合には、その品目の内容及びその旨）
④ 課税資産の譲渡等の税抜価額又は税込価額を税率ごとに区分して合計した金額
⑤ 税率ごとに区分した消費税額等

---

12 国税庁「消費税軽減税率制度の手引き」（平成30年8月）54頁。

適格請求書と適格簡易請求書とを比較すると、以下の表のとおりとなる。

○ **適格請求書と適格簡易請求書との比較表**

	適格請求書	適格簡易請求書
発行可能な事業者	課税事業者 （適格請求書発行事業者）	不特定多数の者に対して商品の販売等を行う小売業、飲食店業、タクシー業等を営む課税事業者
発行者の登録番号の記載	要	要
「適用税率」及び「適用税率ごとの消費税額」の記載	いずれも記載	いずれか記載
交付を受ける事業者の氏名又は名称の記載	要	不要
免税事業者による発行	不可	不可

両者につき記載例を含む比較を示すと、右ページの図のとおりとなる。

○　適格請求書と適格簡易請求書との記載事項に係る比較図

【適格請求書（新消法57の４①）】

記載事項
① 適格請求書発行事業者の氏名又は名称及び登録番号
② 課税資産の譲渡等を行った年月日
③ 課税資産の譲渡等に係る資産又は役務の内容（当該課税資産の譲渡等が軽減対象課税資産の譲渡等である場合には、その旨）
④ 課税資産の譲渡等に係る税抜価額又は税込価額を税率の異なるごとに区分して合計した金額及び適用税率
⑤ 消費税額等
⑥ 書類の交付を受ける事業者の氏名又は名称

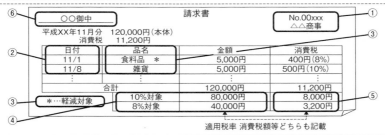

【適格簡易請求書（新消法57の４②）】

記載事項
① 適格請求書発行事業者の氏名又は名称及び登録番号
② 課税資産の譲渡等を行った年月日
③ 課税資産の譲渡等に係る資産又は役務の内容（当該課税資産の譲渡等が軽減対象課税資産の譲渡等である場合には、その旨）
④ 課税資産の譲渡等に係る税抜価額又は税込価額を税率の異なるごとに区分して合計した金額
⑤ 消費税額等又は適用税率

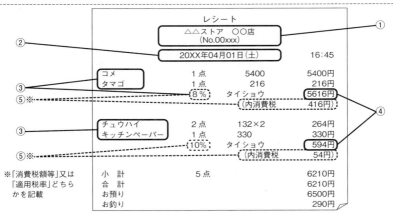

〈出典〉財務省編『平成28年度税制改正の解説』815頁

4 ケーススタディ

Case 3-1 仕入税額控除に係る帳簿書類の要件

[1] 事例の説明

医家向け専門の医薬品の現金卸売業を営んでいる青色申告の同族会社（株式会社）である原告は、平成２年８月１日から平成３年７月31日までの課税期間及び平成３年８月１日から平成４年７月31日までの課税期間の各年分の消費税について、各課税期間中に行った課税仕入れに係る消費税額を控除して確定申告をしたところ、被告・課税庁から、当該課税仕入れの税額の控除に係る帳簿に記載された仕入相手の氏名又は名称のうち仮名であると認められる仕入取引に係る消費税額については控除を認めることができないとして、各年分の消費税についての更正及び過少申告加算税の賦課決定を受けた。

そこで、納税者が、上記各処分の取消しを求めたのが本事例である（「アーム薬品事件」東京地裁平成９年８月28日判決・行集48巻７＝８号600頁、TAINS Z228-7973）。

医家向け専門の医薬品の現金卸売業には、病院、医院及び医者等に医薬品を販売する納入業者と、納入業者に対して医薬品を販売する供給業者との２種類があり、原告は後者の供給業者にあたる。

本事例に係る取引関係図を示すと右ページのとおりとなる。

なお、控訴審（東京高裁平成10年９月30日判決・税資238号450頁、TAINS Z238-8246）で本判決は維持され、また、上告審（最高裁平成11年２月５日決定・税資240号627頁、TAINS Z240-8337）では棄却されて本件は確定している。

○ 取引関係図

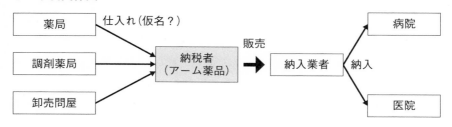

[2] 本件の争点

真実と異なる氏名又は名称が記載された仕入帳が、消費税法上、仕入税額控除を適用するために必要となる法定帳簿に該当するか否か。

[3] 裁判所の判断

「法30条1項は、事業者の仕入れに係る消費税額の控除を規定するが、右規定は、法6条により非課税とされるものを除き、国内において事業者が行った資産の譲渡等（事業として対価を得て行われる資産の譲渡及び貸付け並びに役務の提供をいう。法2条1項8号）に対して、広く消費税を課税する（法4条1項）結果、取引の各段階で課税されて税負担が累積することを防止するため、前段階の取引に係る消費税額を控除することとしたものである。その際、課税仕入れに係る適正かつ正確な消費税額を把握するため、換言すれば真に課税仕入れが存在するかどうかを確認するために、同条7項は、同条1項による仕入税額控除の適用要件として、当該課税期間の課税仕入れに係る帳簿等を保存することを要求している。」

「また、令50条1項は、法30条10項の委任に基づいて、同条1項の規定の適用を受けようとする事業者について同条7項に規定する帳簿等を整理し、当該帳簿についてはその閉鎖の日の属する課税期間の末日の翌日から2か月を経過した日から7年間、これを納税地又はその取引に係る事務所、事業所その他こ

れらに準ずるものの所在地に保存しなければならないと規定する。右のような法30条7項の趣旨及び令において帳簿の保存年限が税務当局において課税権限を行使しうる最長期限である7年間とされていること及び保存場所も納税地等に限られていることからすれば、法及び令は、課税仕入れに係る消費税額の調査、確認を行うための資料として帳簿等の保存を義務づけ、その保存を欠く課税仕入れに係る消費税額については仕入税額控除をしないこととしたものと解される。」

「そして法30条8項が「前項に規定する帳簿とは、次に掲げる帳簿をいう。」と規定していることからすれば、同条7項で保存を要求されている帳簿とは同条8項に列記された事項が記載されたものを意味することは明らかであり、また、同条7項の趣旨からすれば、右記載は真実の記載であることが当然に要求されているというべきである。なお、法30条8項の記帳事項が単に一般的記帳義務の内容を規定するものにすぎないとすれば、法30条中に規定する理由はないというべきであるし、あえて再生資源卸売業等に関する記帳事項の特例（令49条1項）を設け、法30条8項1号イのみの記帳省略を規定していることに照らしても、同項に規定する事項が仕入税額控除の要件として保存すべき法定帳簿の記載事項を規定していることは明らかというべきである。

すなわち、法は、仕入税額控除の要件として保存すべき法定帳簿には、課税仕入れの年月日、課税仕入れに係る資産又は役務の内容及び支払対価の額とともに真実の仕入先の氏名又は名称を記載することを要求しているというべきである。（下線部筆者）」

「再生資源卸売業とは、空瓶、空缶等空容器卸売業、古紙卸売業等をいうが、右のような事業は、その通常の形態として、課税仕入れに係る相手方が一般の不特定かつ多数の消費者であり個々の取引の金額も少額であることから、個々の課税仕入れの相手方の氏名又は名称を帳簿に記載することを要求することが酷であるという事情を考慮して、帳簿に相手方の氏名又は名称を記載するのを省略できるとしたものと解される。とすれば、令49条1項に規定する再生資源卸売業等とは、当該業種の通常の形態として、課税仕入れに係る相手方が

不特定かつ多数の者であり取引の価格も少額である等、個々の取引の相手方の氏名又は名称を帳簿に記載することを要求することが酷であると認められるような業種をいうと解するべきである。（下線部筆者）」

「また、小売業等に関する特則についても、その取引の相手方が不特定多数の者であるのが通常の業態であるという当該事業の性質及び当該事業における取引の態様を考慮して、請求書等の交付を受ける事業者の氏名又は名称の記載を不要とした特別規定である。

したがって、原告の主張する現金問屋等についても、通常の業態が右と異なる事業者について、課税仕入れの相手方の氏名又は名称を記載した法定帳簿の保存を仕入税額控除の要件とすることが課税の公平を害し、前記解釈の合理性を揺るがすものではないというべきである。たしかに、再生資源卸売業等であっても特定仕入先からの課税仕入れがあることは想定されるが、大量、反復される租税行政において、一般的に想定される事業の性質、取引の態様によって事業者を区分し、その事業の性質、取引の態様に応じた課税措置を採ることをもって不当とすべきものではない。したがって、再生資源卸売業等に関する特例との対比から、法定帳簿における課税仕入れの相手方の氏名又は名称の真実性が仕入税額控除の要件とならないとする原告の主張（中略）は採ることができない。（下線部筆者）」

「原告は、原告の事業の実情に照らして、課税仕入れの相手方の真実の氏名又は名称を記載することが著しく困難であり、その真実性を確認する方途がない旨を主張する。

ところで、原告の仲間取引以外の取引においては、特定の取引先があるほか、原告が「全国薬局薬店名簿」から把握した薬局店、調剤薬局、大手の卸売問屋等の同業者に対して、定期的に数千枚から数万枚程度の枚数の買取のチラシを郵送して、その事業者から仕入れるという方法をとっていることからすれば、不特定かつ多数の者が原告の課税仕入れの相手方として予定されていることが認められる。

しかしながら、原告の取扱商品は、医家向け医薬品であって、かかる医薬品

の流通ルートに関与しない一般人が容易に入手、販売し得るものではないのであって、しかも、原告は薬事法の適用を受ける一般販売業者（卸売一般販売業。同法26条１項）であるところ、右一般販売業者が厚生大臣の指定する医薬品を譲り受けたときには、１）品名、２）数量、３）製造番号又は記号番号、４）譲渡又は販売若しくは授与の年月日、５）譲渡人又は譲受人の氏名に係る事項を書面に記載し保存しなければならないとされていること（同法27条、９条の２、薬事法施行規則29条の３、11条の４）に鑑みれば、<u>薬品等の卸売一般販売業の通常の業態において、個々の取引の相手方を特定し、その氏名又は名称等を確認することが、不可能又は著しく困難であるとは考えられないこと</u>、原告の第19期事業年度に係る仕入れのうち仕入取引額の最少額のもので22万7,000円であり、多額のものでは1,087万7,000円にのぼることが認められ、第19期仕入伝票に記載された取引先の１年間の総数が505件にすぎないことに鑑みると、仮に右記載が数件の取引をまとめて記載した可能性があるとしても、<u>原告の課税仕入れについて相手方の氏名又は名称を確認してこれを記帳することが著しく困難であると認めることはできない。</u>（下線部筆者）」

「原告に対して医薬品を売却する者にとって、その入手経路、原告へ売却した事実自体を秘匿したい個別的な事情があるとしても、<u>消費税に関する調査を行う職員（法62条）は守秘義務を負担している（法69条、国家公務員法100条、109条12号）</u>のであるから、これらの者に対してその氏名又は名称を秘匿する理由となるものではなく、右秘匿の目的が販売者の租税負担を回避、軽減することにあるとすれば、これをもって法定帳簿への記載を拒絶する合理的な理由と解することはできず、また、<u>法定帳簿に真実の仕入先顧客の氏名又は名称を記載することによって、顧客がそれを行わない同業者へ商品を売却するようになるといった事情が想定されるとしても、かかる事態は改善されるべきものであって、右事情から顧客の真実の氏名又は名称を法定帳簿に記載しないことが、規範的意義を有する商慣習であつたということはできないのである。</u>（下線部筆者）」

［4］ 本裁判例から学ぶこと

　本判決の意義は、一般に、「課税仕入れの事実」が存在した場合であっても、法定帳簿の記載要件を満たしていない場合（形式的不備）には、仕入税額控除の要件を充足しないことから、仕入税額控除の適用（消法30①）はないと判示したことにあると解されている[13]。

　所得課税における推計課税の事案でこれまでしばしば問題となってきた納税者による「実額反証」のような手法は、消費税の仕入税額控除においては原則として認められないということになるのである（消費税の推計課税については、第4章 **Case** 4-2 参照）。

　仮名による現金取引を行う業者は、その取引を税金逃れ等の目的で行うケースがみられるところであるが、そのような違法性が強く推認される取引を単に「商慣行」であるとして是認し、それに基づく仕入税額控除を認めるということは、消費税法の趣旨に反するということになるのであろう。

　本事例のように、帳簿方式の下でその取引の相手方の真実性や実在性が問題となるケースは、インボイス制度（適格請求書等保存方式）の下では、これまで以上に是認される余地がなくなるものと考えられる。

　なぜなら、インボイス制度の下では、取引の相手方に交付する請求書等には適格請求書発行事業者の登録番号[14]の記載が義務化されており（新消法57の4①）、当該番号のない請求書等は仕入税額控除の対象となる適格請求書等には該当しないためである（本章 **1** ［1］の図参照）。

13　増田英敏「仮名記載と仕入税額控除」中里他編『租税判例百選（第6版）』（有斐閣・2016年）173頁。田中教授は、本件判決につき、「仕入税額の計算をするうえで、取引の証拠を確実にするために、帳簿等の保存を求めていると解すべきであって、納税者において取引の実態を証明できないのであれば、たとえ客観的には仕入税額があるとしても、その不明分を控除することができないという、いわば手続的観点からする当然の制約を述べたものにすぎない」と評している。田中治「消費税における仕入税額控除の存在理由と判例動向」金子宏編『租税法の発展』（有斐閣・2010年）280頁。

14　事業者が法人であれば「T＋法人番号」であり、かつ、インターネットで簡単に検索できるため、実在性の把握は容易である。また、偽りの記載をした適格請求書や適格請求書と誤認されるような書類の交付及び提供は禁止されている（新消法57の5）。

○　インボイス制度の下での仕入税額控除

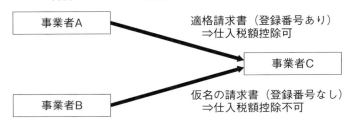

　この点に関しては、適格請求書等保存方式に下において、その記載要件を満たしていないことにつき、いわゆる「宥恕規定」があるかどうかが問題となる。

　改正後の消費税法第57条の４第１項によれば、「ただし、当該適格請求書発行事業者が行う事業の性質上、適格請求書を交付することが困難な課税資産の譲渡等として政令で定めるものを行う場合は、この限りでない。」としており、これを受けた政令（新消令70の９②）で、「公共交通機関の特例」等が挙げられている。

①　３万円未満の公共交通機関による旅客の運送（公共交通機関の特例）
②　出荷者が卸売市場において行う生鮮食料品等の販売（出荷者から委託を受けた受託者が卸売の業務として行うものに限る）
③　生産者が農業協同組合、漁業協同組合又は森林組合等に委託して行う農林水産物の販売（無条件委託方式かつ共同計算方式により生産者を特定せずに行うものに限る）
④　３万円未満の自動販売機及び自動サービス機により行われる商品の販売等
⑤　郵便切手類のみを対価とする郵便・貨物サービス（郵便ポストに差し出されたものに限る）

　しかし、上記に該当しない場合には宥恕規定の適用はないこととなり、適用範囲が非常に限定されている。

　また、仕入税額控除の要件を定めた改正後の消費税法第30条第７項の規定に

よれば、請求書等の交付を受けることが困難である場合等についての宥恕規定
があり、これを受けた政令（新消令49①及び新消規15の４）では、以下の取引に
ついては、一定の事項を記載した帳簿のみの保存で仕入税額控除を受けること
ができるとされている。

ア	公共交通機関特例の対象として適格請求書の交付義務が免除される３万円未満の公共交通による旅客の運送
イ	適格簡易請求書の記載事項（取引年月日を除く）が記載されている入場券等が使用の際に回収される取引（アに該当するものを除く）
ウ	古物営業を営む者の適格請求書発行事業者でない者からの古物（古物営業を営む者の棚卸資産に該当するものに限る）の購入
エ	質屋を営む者の適格請求書発行事業者でない者からの質物（質屋を営む者の棚卸資産に該当するものに限る）の取得
オ	宅地建物取引業を営む者の適格請求書発行事業者でない者からの建物（宅地建物取引業を営む者の棚卸資産に該当するものに限る）の購入
カ	適格請求書発行事業者でない者からの再生資源及び再生部品（購入者の棚卸資産に該当するものに限る）の購入
キ	適格請求書の交付義務が免除される３万円未満の自動販売機及び自動サービス機からの商品の購入等
ク	適格請求書の交付義務が免除される郵便切手類のみを対価とする郵便・貨物サービス（郵便ポストに差し出されたものに限る）
ケ	従業員に支給する通常必要と認められる出張旅費（出張旅費、宿泊費、日当及び通勤手当）

　上記のうち、カは本裁判例でも問題となった業態であるが、裁判所は「医家
向け専門の医薬品の現金卸売業」と「再生資源卸売業」とは性質が異なり、請
求書等の交付を受けることが困難である場合等についての宥恕規定の適用はな
いと判示している。
　すなわち、現行消費税法は仕入税額控除については形式要件を重視してお
り、宥恕規定の適用範囲が非常に限定されているということがいえる。
　しかしながら近い将来、帳簿方式からインボイス方式への転換が見込まれる

現在、「課税仕入れの事実」が存在し、それを納税者が帳簿書類等で証明できる場合には、仕入税額控除を広く認めるというように、現在の硬直的な立法政策の妥当性を問う時期に来ているものと考えられる[15]。

Case 3-2 帳簿書類等の保存の意義

[1] 事例の説明

　帳簿方式を採用したわが国の消費税法において、仕入税額控除の要件である帳簿書類等の「保存」の意義については、十分かつ正確な理解が不可欠であると考えられる。その意味で、次にみていく裁判例（最高裁平成16年12月16日判決・民集58巻9号2458頁、TAINS Z254-9860）は、消費税を含む付加価値税制の基本構造を理解する上で最も重要なものの一つであると思われる。

　上告人（納税者）は、大工工事業を営む個人事業者であるが、平成2年1月1日から同年12月31日までの課税期間の消費税について、確定申告を行っていなかった。また、上告人は、昭和63年分、平成元年分及び同2年分の所得税についてそれぞれ確定申告をしていたが、その申告書に事業所得に係る総収入金額及び必要経費を記載せず、その内訳を記載した書類を添付していなかった。

　そこで、被上告人（課税庁）の職員は、納税者が平成2年分の課税期間について納めるべき消費税の税額を算出するため、また、上記の所得税に係る申告内容が適正であるかどうかを検討するため、上告人の事業に関する帳簿書類を調査することとした。

　上記職員は、平成3年8月下旬から上告人の妻と電話で数回話をするなどして調査の日程の調整に努めた上、その了承を得て、同年10月16日から平成4年1月31日までの5回にわたり上告人の自宅を訪れ、上告人に対し、帳簿書類を全部提示して調査に協力するよう求めた。しかし、上告人は、上記の求めに特

15　西山由美「仕入税額控除」金子宏編『租税法の基本問題』（有斐閣・2007年）732頁参照。

に違法な点はなく、これに応じ難いとする理由も格別なかったにもかかわらず、課税庁の職員に対し、平成２年分の接待交際費に関する領収書を提示しただけで、それ以外の帳簿書類を提示せず、またそれ以上調査には協力しなかった。課税庁の職員は、提示された領収書312枚をその場で書き写したが、それ以外の帳簿書類については、上告人が提示を拒絶したため、内容を確認することができなかった。

そこで、被上告人は、上告人の本件課税期間に係る消費税につき、調査して把握した上告人の大工工事業に係る平成２年分の総収入金額に103分の100（当時の税率は３％）を乗じて得た消費税法28条１項所定の課税標準である金額に基づき消費税額を算出した上で、提示された上記の領収書によって確認された接待交際費に係る消費税額だけを消費税法30条１項により控除される課税仕入れに係る消費税額と認め、それ以外の課税仕入れについては、同条７項が規定する「事業者が当該課税期間の課税仕入れ等の税額の控除に係る帳簿又は請求書等を保存しない場合」に該当するとして、同条１項が定める課税仕入れに係る消費税額の控除を行わないで消費税額を算出し、平成４年３月４日付けをもって決定処分及び無申告加算税賦課決定処分をした。

第一審（前橋地裁平成12年５月31日判決・税資247号1061頁、TAINS Z247-8663）は原告（納税者）の請求を棄却し、控訴審（東京高裁平成13年１月30日判決・民集（参）58巻９号2529頁、TAINS Z250-8827）も納税者（控訴人）の控訴を棄却したため、納税者は上告受理申立てをした。

本件は、上告人が、被上告人に対し、本件各処分等の取消しを請求する事案である。

○ **帳簿書類等の保存の意義**

〈消費税法第30条第７項〉

帳簿書類等を「保存」しない場合	➡	仕入税額控除「不可」

ここでいう「保存」とは、「提示」までを意味するのか？

[2] 本件の争点

消費税法第30条第7項にいう「事業者が当該課税期間の課税仕入れ等の税額の控除に係る帳簿又は請求書等を保存しない場合」とはどのようなケースを指すのか。

[3] 裁判所の判断

「法が事業者に対して上記のとおり帳簿の備付け、記録及び保存を義務付けているのは、その帳簿が税務職員による検査の対象となり得ることを前提にしていることが明らかである。そして、事業者が国内において課税仕入れを行った場合には、課税仕入れに関する事項も法58条により帳簿に記録することが義務付けられているから、税務職員は、上記の帳簿を検査して上記事項が記録されているかどうかなどを調査することができる。」

「法30条7項は、法58条の場合と同様に、当該課税期間の課税仕入れ等の税額の控除に係る帳簿又は請求書等が税務職員による検査の対象となり得ることを前提にしているものであり、事業者が、国内において行った課税仕入れに関し、法30条8項1号所定の事項が記載されている帳簿を保存している場合又は同条9項1号所定の書類で同号所定の事項が記載されている請求書等を保存している場合において、税務職員がそのいずれかを検査することにより課税仕入れの事実を調査することが可能であるときに限り、同条1項を適用することができることを明らかにするものであると解される。同条10項の委任を受けて同条7項に規定する帳簿又は請求書等の保存に関する事項を定める消費税法施行令（中略）50条1項は、法30条1項の規定の適用を受けようとする事業者が、同条7項に規定する帳簿又は請求書等を整理し、所定の日から7年間、これを納税地又はその取引に係る事務所、事業所その他これらに準ずるものの所在地に保存しなければならないことを定めているが、これは、国税の更正、決定等の期間制限を定める国税通則法70条が、その5項において、その更正又は決定に係る国税の法定申告期限等から7年を経過する日まで更正、決定等をするこ

とができると定めているところと符合する。」

　「法30条7項の規定の反面として、事業者が上記帳簿又は請求書等を保存していない場合には同条1項が適用されないことになるが、このような法的不利益が特に定められたのは、資産の譲渡等が連鎖的に行われる中で、広く、かつ、薄く資産の譲渡等に課税するという消費税により適正な税収を確保するには、上記帳簿又は請求書等という確実な資料を保存させることが必要不可欠であると判断されたためであると考えられる。（下線部筆者）」

　「以上によれば、事業者が、消費税法施行令50条1項の定めるとおり、法30条7項に規定する帳簿又は請求書等を整理し、これらを所定の期間及び場所において、法62条に基づく税務職員による検査に当たって適時にこれを提示することが可能なように態勢を整えて保存していなかった場合は、法30条7項にいう「事業者が当該課税期間の課税仕入れ等の税額の控除に係る帳簿又は請求書等を保存しない場合」に当たり、事業者が災害その他やむを得ない事情により当該保存をすることができなかったことを証明しない限り（同項ただし書）、同条1項の規定は、当該保存がない課税仕入れに係る課税仕入れ等の税額については、適用されないものというべきである。（下線部筆者）」

　「これを本件についてみると、前記事実関係等によれば、上告人は、被上告人の職員から帳簿書類の提示を求められ、その求めに特に違法な点はなく、これに応じ難いとする理由も格別なかったにもかかわらず、上記職員に対し、平成2年分の接待交際費に関する領収書を提示しただけで、その余の帳簿書類を提示せず、それ以上調査に協力しなかったというのである。これによれば、上告人が、法62条に基づく税務職員による上記帳簿又は請求書等の検査に当たり、適時に提示することが可能なように態勢を整えてこれらを保存していたということはできず、本件は法30条7項にいう「事業者が当該課税期間の課税仕入れ等の税額の控除に係る帳簿又は請求書等を保存しない場合」に当たり、本件各処分に違法はないというべきである。（下線部筆者）」

[4] 本裁判例から学ぶこと

〈帳簿書類等の「保存」の意義〉

　帳簿書類等の保存の意義が問われた本裁判例において、最高裁は、帳簿書類等の「保存」をしている場合につき、以下の要件を明示している。

---

① 消費税法第30条第7項に規定する帳簿又は請求書等（平成6年度改正後は帳簿及び請求書等）を整理していること
　　⇒単に「存在する」だけでは不十分
② 上記①の帳簿書類を所定の期間及び場所において
　　⇒通常、実地調査先である帳簿書類を保管している場所において
③ 消費税に係る質問検査権を有する税務職員による税務調査において、適時に、上記①の帳簿書類を提示することが可能なように態勢を整えて保存していること
　　⇒実地調査時には帳簿書類を触らせようとはせず、終了してから後出しで証憑書類を提出するという方法は不適切である

　納税者・上告人は、上告理由申立書において、「係官が書き写した領収証の消費税額である97,781円については控除対象仕入税額としてこれを認め、その余のいわゆる「保存」を確認しながら書き写しをしなかった領収証等については「提示」がなかったとしてすべて仕入税額控除を否認した」として、消費税法第30条第7項にいう帳簿書類等の「保存」を「提示」と解することは、文理解釈上問題ではないかと疑義を呈している。

　この点について最高裁は、保存とは「帳簿書類を提示することが可能なように態勢を整えて」いることと解しており、「どこかにあればよい」というのではなく、実地調査に赴いた税務職員が適時に確認できるような状況となるよう、納税者側の協力も不可欠という立場であると考えられる。

〈調査拒否罪との峻別の必要性〉

　そもそも、「保存は提示までを意味するか」という点がここまでクローズ

アップされるのは、納税者側の調査拒否の問題（本件はこれに該当）と帳簿書類の保存・提示の問題とが絡み合ってくるからであると思われる。

　調査拒否は本来、国税通則法違反（通法128二）の問題であり[16]、消費税法の仕入税額控除の要件である帳簿書類等の保存とは直接は関係ないはずである。調査拒否を本来の法律（国税通則法）で罰することなく、代わりに消費税の課税で「罰する」というのは、必ずしも健全な税務執行とはいえないのではないか、と解することも可能であろう[17]。

　例えば、納税者側のマンパワーが足りず、帳簿書類の整理・保存状況があまりよくないため、その提示が必ずしもタイムリーになされているわけではない事案のように、調査拒否とまではいえないようなケースにまで、帳簿書類の「保存」がないとして仕入税額控除を全く認めないというのは、消費税の仕入税額控除の趣旨である、課税の累積の排除の観点から問題があるといえるだろう。

　調査拒否は別途罰するとした上で、それ以外で帳簿書類等の保存がないとはどういうケースなのか、「保存」の意義及び内容を再定義するような、消費税法第30条第7項の規定の抜本的な見直し（立法的解決）が必要であると考えられる[18]。

　本書において度々強調することであるが、消費税は、事業者の協力なしには成り立たない税制である。少子高齢化社会を支える税目として、消費税の重要性が今後ますます高まることに疑いはないが、令和元（2019）年10月にその税

16　調査拒否罪は過去にはほとんど立件されておらず、それもあって課税庁は消費税法第37条を根拠に課税しようとするものと考えられる。この点については、齋藤文雄「質問検査権を巡る諸問題」『税大論叢』50号185-186頁参照。しかし、それは本来法が予定している状況ではなく、そもそも消費税における仕入税額控除制度導入の意義である「課税の累積の排除」を犠牲にしてまで「保存」の要件を拡張して解すべきかについては、なお検討の余地があるものと考えられる。

17　田中教授も、「仕入税額控除の否認は、調査拒否に対する制裁ではありえない」とし、「調査拒否を理由に、実体法上、その者の税負担を大きくしてよいということにはならない」と解している。田中前掲注13論文293頁。

18　岩品信明「帳簿不提示と仕入税額控除」中里他編『租税判例百選（第6版）』（有斐閣・2016年）175頁も同旨と考えられる。

率が二桁に達する中で、消費税負担の重さに対する国民各層の不満も急速に顕在化しつつある。

そのような状況下で、仮に事業者の信頼を踏みにじるような税務執行がなされることがあるのであれば、国民の潜在的な不満を爆発させる要因となりかねないことは肝に銘じるべきであろう。

〈実務的対応：簡易課税制度の活用〉

解釈論や立法論は上記のとおりであるが、実務家は、課税庁による仕入税額控除否認の「濫用」という現実の問題にどう対応すべきなのであろうか。

上記は、調査拒否という（多くの場合有効とはいえない）対抗策を考慮しないとするならば、基本的に、消費税の仕入税額控除に関し、小規模事業者で経理体制が貧弱であるにもかかわらず、原則課税・実額控除を採用した場合に特に問題となる。そう考えると、そのような事業者は、売上から仕入控除税額を自動的に計算できる簡易課税制度を利用すべきということになるだろう。

簡易課税制度については、適格請求書等保存方式が採用され、仕入税額控除の要件がさらに厳格化される令和5（2023）年10月以降においては、その重要性が今以上に高まると予想されるところである。

Case 3-3 帳簿書類等の「確認」まで必要か否か

[1] 事例の説明

Case 3-2 で帳簿書類等の保存の意義について争われた事案の最高裁判決をみてきたが、当該判決後、帳簿書類等の保存の解釈に関し、新たな要件を加える（とも解される）下級審の判決もみられるところである。

そこで、当該裁判例（東京高裁平成19年10月31日判決・判タ1280号149頁、TAINS Z257-10813）の内容を以下で確認していきたい。

原告・納税者は、平成9年4月1日から平成10年3月31日までの課税期間及び事業年度（平成10年3月課税期間」）から平成11年4月1日から平成12年3月

31日までの課税期間及び事業年度（平成12年3月課税期間）の3期につき、消費税及び地方消費税並びに法人税につき、それぞれ期限内に確定申告を行った。

被告・課税庁は、原告に対し税務調査を実施したところ、原告代表者が第三者を当該調査の際に立ち会わせることなどを要求して調査に協力しなかったために、帳簿書類等を確認できなかったとして、平成13年5月23日付けで、原告の平成10年3月課税期間以降の法人税の青色申告の承認の取消処分をするとともに、本件各課税期間分の消費税について、推計課税によって課税標準額に対する税額を求め、消費税法第30条第7項の規定に該当するとして、同条第1項の定める課税仕入れに係る消費税額の控除（仕入税額控除）を認めないで消費税等の税額を算出し、更正処分及び過少申告加算税賦課決定処分をした。

本件は、原告が、第三者の立会いを認めないなど税務調査が違法であって、推計課税の必要性を欠くとともに、税務調査時に帳簿書類等の保存をしており、法人税法第127条第1項第1号及び消費税法第30条第7項の規定に該当しないなどと主張して、前記各更正処分及び各過少申告加算税賦課決定処分の全部又は一部並びに青色取消処分の取消しを求めている事案である。

[2] 本件の争点

消費税法に係るものについては、仕入れ税額控除の可否、すなわち消費税法第30条第7項に規定する帳簿等を保存しない場合に当たるか否かである。

[3] 裁判所の判断

「控訴人は、消費税法30条7項や法人税法127条1項1号の解釈につき、帳簿等が保存されているかどうかが確認できるよう適時の提示が可能な状態にあるのであれば、それらの法律が求める帳簿等の保存がされているという考えに判例が立っているとし、これによれば本件は帳簿等の保存がされている場合に当たると主張する。

しかしながら、まず、消費税法30条7項の解釈についてみるに、申告納税方

式の下では、納税義務者のする申告が事実に基づいて適正に行われることが肝要であり、必要に応じて税務署長等がこの点を確認することができなければならず、そのために帳簿の保存が義務づけられ（同法58）、税務職員は帳簿書類を検査して税務調査を行うことができ（同法62、現通法74の2①三）、これを拒むなどした者に対しては罰則が定められている（同法68①、現通法128二、三）のであって、このような申告納税制度の仕組みを踏まえて同法30条7項は解釈されるべきである。そして、このような仕組みに照らすと、同項は、当該課税期間の課税仕入れ等の税額の控除にかかる帳簿等が税務職員による検査の対象となり得ることを前提にしており、税務職員がそのいずれかを検査することにより課税仕入れの事実を調査することが可能であるときに限り、同条1項を適用することができることを明らかにするものと解される（最高裁平成16年12月16日第一小法廷判決・民集58巻9号2458頁参照）。同条7項のこのような趣旨に照らすならば、単に税務職員が帳簿等の存在を確認できるだけでは帳簿等の保存のあり方としては不十分であり、税務職員による検査に当たり、適時に帳簿等の記載内容の正確性が確認可能になるように態勢を整えて保存していなかった場合には、同条にいう帳簿等を保存しない場合に当たるものというべきである。そして、法人税法127条1項1号の解釈についても、以上と同様に考えられる（最高裁平成17年3月10日第一小法廷判決・民集59巻2号379頁参照）。

　本件においては、控訴人が第三者の立会いなしでは税務調査に応じないという立場を崩さず、そのために被控訴人職員による検査に当たり帳簿等の内容の確認ができなかったのであるから、適時に帳簿等の記載内容の正確性が確認可能になるように態勢を整えて保存していなかったとして、消費税法30条7項及び法人税法127条1項1号に該当する事実があるものというべきである。（下線部及び現行税法の付記は筆者）」

　「控訴人は、消費税法30条7項が適用されると、控除すべき仕入れにかかる消費税額を控除しないという、消費税の基本的あり方に反する結果を招くものであるから、そのような結果を生じさせる規定については厳格な文理解釈をすべきであるとし、また、同項は帳簿等を「保存しない場合」に仕入れ税額控除

を認めないとしているから、提示がない場合をも「保存しない場合」に当たるように読み替えて解釈することはできないと主張する。

　しかしながら、同項は、申告納税制度の仕組みを踏まえて解釈されるべきものであることは、前記（中略）でも述べたとおりであり、控訴人の主張は採用できない。」

　「また、控訴人は、同項は、仕入れ税額が確実に存在する場合にもこれを否認する規定と解すべきではないとも主張する。

　しかしながら、同項は、資産の譲渡等が連鎖的に行われる中で、広く、かつ、薄く資産の譲渡等に課税するという消費税により適正な税収を確保するには、帳簿等という確実な資料を保存させることが必要不可欠であるとの考えの下に、事業者が適時に帳簿の記載内容の正確性が確認可能になるように態勢を整えて保存していなかった場合には、同条にいう帳簿等を保存しない場合に当たるとして仕入れ税額控除を認めないという不利益を課するものと解される。そうすると、帳簿等の保存をしないという同項に該当する事実があるのに、他の資料で課税仕入れにかかる対価の額を認定したり、推計したりすることは、同項に反して許されないものというべきである。（下線部筆者）」

　なお、控訴人は上告したが、最高裁は上告棄却・不受理としている（最高裁平成20年3月7日決定・税資258号順号10914、TAINS Z258-10914）。

[4]　本裁判例から学ぶこと

〈帳簿書類等の保存の意義再考〉

　消費税法第30条第7項にいう「帳簿書類等の保存」の意義に関する裁判例は多いが、学説上、その見解について概ね以下の3つに分類されるものとされる[19]。

①　保存・提示包含説

　保存は提示を含むと解し、帳簿書類等の提示がなければ保存がないものと

19　田中治「消費税における仕入税額控除の存在理由と判例動向」金子宏編『租税法の発展』（有斐閣・2010年）281頁。

取り扱う考え方である（津地裁平成10年9月10日判決・判時1661号41頁等）。

② 客観的保存説

帳簿書類等の提示の拒否があっても、それは保存がないことを意味するわけではなく、客観的に保存が確認できればよいとする考え方である（大阪地裁平成10年8月10日判決・判時1661号32頁等）。

③ 不存在推認説

帳簿書類等の提示がなければ、その時点で保存がないと推認されるが、違法な税務調査の場合には後出しを認めるという考え方をいう（東京地裁平成10年9月30日判決・判時1661号54頁等）。前問でみた最高裁平成16年12月16日判決・民集58巻9号2458頁もこの立場であると考えられる。

本裁判例は、当該最高裁平成16年12月16日判決を判決文中で引用していることから、その「射程」を明らかにする裁判例であると解することも可能である。

本裁判例も最高裁平成16年12月16日判決と同様に、調査拒否（当該事例は第三者（税理士ではない）の立ち合いが認められなければ拒否というパターンである）が問題の前提としてあり、それを調査拒否罪で罰するのではなく、代替的に仕入税額控除を否認することにより罰するという手法を採っていることも共通している。

一方で、当該最高裁判決は、帳簿書類等の保存の意義について、「税務職員による検査に当たって適時にこれを提示することが可能なように態勢を整えて保存」と判示し、「提示」をも要件に含めている。

しかし、本裁判例では、「事業者が適時に帳簿の記載内容の正確性が確認可能になるように態勢を整えて保存」というように、単なる「提示」では不十分で、さらに納税者に記載内容の正確性の「確認」が可能な態勢を整えることを要求している。

そうなると、東京高裁の当該判示（ここでは「確認可能説」としておく）は、最高裁判決の判示の「明確化」（射程を画するのに資するもの）なのか、それとも射程外の新たな解釈の提示なのか、必ずしも判然としない。

東京高裁としては、おそらく前者を意図しているものと解されるが、判決文を素直に読めば、「保存⇒提示⇒確認」と、もともとの文言から徐々に離れ、結果として仕入税額控除の範囲を狭める法的効果を生み出しているものと判断せざるを得ない。

果たしてこれは、消費税法第30条第7項の文理解釈として妥当なのであろうか[20]。

○　帳簿書類等の「保存」の範囲

	保存	提示	確認
内容	税務調査で提示できなくとも、実際に存在していることを事業者が証明できればよい（客観的保存説）	税務調査で提示できないと、保存していたことにはならない（保存・提示包含説及び不存在推認説）	税務調査で提示するだけでなく、調査官が控除税額の内容を確認できなければならない（確認可能説）
仕入税額控除の範囲	広い	中間	狭い

仮に「保存」には「確認」まで含まれるとした場合、比喩的かつ戯画的に言えば、事業者は仕入税額控除の「特典」を享受するため、課税庁の職員に恭しく整理された帳簿書類の該当ページを差し出し、確認をお願いするという行為が必要になってくるとも解されるところである。

昭和22（1947）年に申告納税制度が導入されて早70年余が過ぎた令和の世において、このような前時代的な税務執行が是認されるのか、大いなる違和感を抱かざるを得ない。

繰り返しになるが、帳簿書類等の保存の意義について争われた事案は、その前提として、調査拒否が問題となっており、そのことが裁判所をして課税庁側

20　田中教授も「このような判示は、上記の最高裁判決以上に、仕入税額控除の適用の範囲を限定するように思われる。このような限定的解釈は、明文の根拠なく、「保存」という文言の解釈の範囲を大きく超えるものであって、相当ではない。」と批判している。田中前掲注19論文290-291頁。

にやや有利な結論を出さしめているという側面は否めないであろう。

　しかし、そうであっても、当該判示が独り歩きし、仕入税額控除は特典・恩典的な措置である[21]と解されるようなると、わが国の消費税法は欧州型の付加価値税制と似て非なる税制に変質しかねない。

〈実務的な対応〉

　理論的な問題点の指摘としては上記のとおりであるが、実務的な対応としては、どうすればよいのであろうか。

　一つは前問で指摘したとおり、小規模事業者は簡易課税制度の適用を受け、実額による仕入税額控除の問題を回避するという対応策が有効である。

　別の選択肢として、簡易課税の適用が受けられない規模の事業者の場合、申告時から税務調査対応を考えて帳簿書類を準備するという対応があるだろう。

　これには２つの意味がある。一つは、調査官による仕入税額控除の適否の「確認」が容易に行えるよう、帳簿書類を整然と作成し、調査がスムーズに進むように準備するという方法を採るということである。

　事業者にとって日常の手間はかかるが、調査がスムーズに進行すれば事業者の調査対応に係る負担は軽減されるというメリットがある。また、税務調査に十分耐えうるような帳簿書類の整備は、事業者の内部統制体制の整備・向上にもつながり、不正等の防止につながるという潜在的なメリットも無視できない。経理のスタッフが整っている一定規模以上の事業者であれば、当然このような対応を目指すべきであろう。

　もう一つは、経理スタッフを含め経理体制が不十分な事業者の場合であるが、まずは帳簿書類の整備に最大限努めるものの、仮に大規模事業者との比較で見劣りするとしても、税務調査においてはありのままの帳簿書類を適時に提出し、決して調査官に「調査拒否」ととられないようにすることである。

21　最高裁平成16年12月20日判決・判時1889号42頁における滝井裁判官の反対意見では、「法における仕入税額控除の規定は、前記のとおり課税要件を定めているといっても過言ではなく、青色申告承認のような単なる申告手続上の特典ではないと解すべきものである」と指摘されている。

最高裁平成16年12月16日判決の事例においても、領収書等の証拠書類が税務調査時に提示されているものについては仕入税額控除の対象とされているのであるから、事業者は決して調査拒否をせず、「提示」することが肝要である。一方、「確認」するのは、課税庁の調査官の職務であり、責任である。

仮に、提示されてものをきちんと確認しないことがあるとすれば、それは調査官の職務怠慢である。

Case 3-4 賃貸不動産の管理組合に支払った管理費の仕入税額控除

[1] 事例の説明

区分所有建物（分譲又は賃貸マンション・ビル）については、区分所有法（建物の区分所有に関する法律）3条に基づき、当該建物の管理を行うため、区分所有者全員で管理組合を結成することとなる。この場合、通常、区分所有者は管理組合に対し、管理業務に係る経費として管理費を支払うこととなる。

それでは、区分所有者が課税事業者である場合において、当該管理費の支払いは消費税の仕入税額控除の対象となるのであろうか。

これについて争われた裁判例（大阪地裁平成24年9月26日判決・訟月60巻2号445頁、TAINS Z262-12048）があるので、以下でみてきたい。

本件は、ビルの管理運営、駐車場の経営及び区分所有建物の賃貸事業等を行う株式会社である原告・納税者が、平成16年から平成18年にわたる各課税期間の消費税及び地方消費税について、大阪・北税務署長から、平成20年5月28日付けでそれぞれ更正処分及び過少申告加算税賦課決定処分を受けたことから、区分所有権を有するビルの管理組合への管理費の支払いは仕入税額控除の対象となる仕入れに当たること等を理由として、北税務署長の異議決定、国税不服審判所長の裁決を経て一部取り消された後の上記各更正処分等の各取消しを求めている事案である。

本件において、原告は、平成16年から平成18年にわたる各課税期間の消費税

及び地方消費税について、区分所有権を有するビルの管理組合への管理費の支払いは仕入税額控除の対象とし、一方で、各賃貸物件の管理費のうち各賃借人が支払った管理費相当額は課税売上から除外して申告していた。

本件の取引関係を図示すると、概ね以下のとおりとなる。

○ **本件の取引関係図**

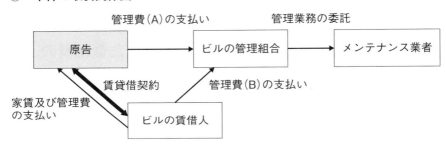

・原告はビルの区分所有者＝ビルの管理組合員として、管理組合に対して定められた管理費を支払う必要がある。その金額は「管理費（A）＋管理費（B）」である。原告はそのうち管理費（A）を管理組合に支払っている。
・ビルの賃借人は、原告との間の賃貸借契約に基づき、原告に対し家賃及び管理費を支払っている。また、ビルの賃貸人は、当該支払に加え、管理費の一部（管理費（B））について当該契約（合意書）に基づき管理組合に直接支払っている。
・ビルの管理組合は、管理業務を自ら行うほか、外部のメンテナンス業者に必要な管理業務を委託している。

[2] 本件の争点

本件の争点は2点ある。

■争点1：本件各管理費（筆者注：上記図中の「管理費（A）」）が課税仕入れに係る支払いの対価に当たるか否か

⇒当たらない場合、原告の仕入税額控除の対象とはならない

■争点2：各賃貸物件の管理費のうち、各賃借人が支払った管理費相当額（筆者注：上記図中の「管理費（B)」）が、原告の事業として対価を得て行われる資産の貸付けの対価に該当するか否か

⇒該当する場合、原告の消費税等の課税標準額（課税売上）に含められるべ

きものとなる

[3] 裁判所の判断

〈争点1について〉

「本件各管理費が課税仕入れに係る対価であるというためには、本件各管理費が、本件各管理組合からの役務の提供に対する反対給付として支払われたものであることが必要である。

　そこで検討するに、本件各管理費は、本件各管理組合が行う本件各ビルの共用部分の管理等に要する費用であるところ、原告の負担額は、本件各ビルの共用部分の使用収益の態様や管理業務による利益の享受の程度と直接関係なく、団体内部において定めた分担割合に従い定まるのである。そして、原告は、本件各管理組合に対して共用部分の管理を現実に委託したか否かに関係なく、また本件各管理組合が行った具体的な管理行為の内容如何にかかわらず、本件各管理費の支払義務を負うものであり、本件各管理組合の管理行為と引換えに本件各管理費を支払っているものでもない。

　そうすると、原告は、本件各管理組合に対して本件各ビルの管理業務を委託したことを根拠に本件各管理費を支払っているのではなく、本件各管理組合の構成員の義務として、本件各管理費を支払っているものというべきである。

　したがって、本件各管理費は、管理組合が行う管理業務と対応関係にある金員であるとはいえず、役務の提供に対する対価であるとは認められない。（下線部筆者）」

　「これに対し、原告は、本件各管理組合は人格のない社団であり、管理費の支払は単なる内部関係に留まるものではなく、独立した事業者間において管理業務を委託した対価として支払われるものである旨主張する。しかしながら、本件各管理組合が人格のない社団であるからといって、これに対する管理費の支払が課税の対象となるものではなく、また、管理費単価が専有部分の業種階等を考慮して決められていることから、管理費が管理業務の対価と認められるものでもない。上記のとおり、管理費の支払は管理組合と構成員間の内部的な

費用分担取引であって、管理業務委託の対価ということはできない。（下線部筆者）」

「また、原告は、区分所有建物においては、その性質上、第三者と建物所有者たる区分所有者との間には管理組合が介在しており、そのため、管理業務という役務の提供に係る取引が、第三者と管理組合との取引、管理組合と区分所有者との取引というように、複数の段階を経て行われているにすぎず、原告が本件各管理組合に対して支払う本件各管理費は、ビル一棟の所有者が第三者に対して支払う費用や、本件各管理組合が第三者に対して支払う費用と、その性質において、実質的には何ら異なるところがないと主張する。

しかしながら、資産の譲渡等に対する反対給付であるか否かは、個別具体的な資産の譲渡等と特定の給付との間に対応関係が認められるか否かを、当該支払自体の性質から判断すべきである。

本件において、第三者と区分所有者との間に独立した納税義務の主体である管理組合が介在している以上、管理組合の第三者への支払を考慮して、ビル一棟の所有者が第三者に対して支払う費用と実質的に同一であると評価することはできない。（下線部筆者）」

「以上によれば、争点１に関する原告の主張は、採用することができず、本件各管理費は課税仕入れに係る支払の対価には当たらない。」

〈争点２について〉

「本件各賃貸物件管理費は、本件各管理規約上、いずれも区分所有者が負担すべきものとされている。

この点、原告及び本件各賃借人は、管理者に対し、本件各賃借人が直接管理費を支払う旨の合意書を管理者に差し入れているけれども、本件各管理規約上は原告が管理費の支払義務を負い、本件各賃貸物件の賃貸借契約上の合意に基づき本件各賃借人が管理費の支払義務を負うことに変わりはないから、本件各賃借人が直接管理費を支払う旨の合意は、管理費部分について、本件各賃借人から原告への支払及び原告から本件各管理組合への支払を省略して本件各賃借人から本件各管理組合に直接支払うものにすぎないというべきである。

そうすると、上記合意に基づき本件各賃借人が管理組合に対して管理費を支払っていることは、原告が負担すべき管理費を、賃貸借契約に基づき賃料に上乗せして本件各賃借人の負担としていることと何ら変わりはないから、本件各賃借人が管理費を直接支払うことにより、原告は、管理費の支払義務を免れるという利益を得ているのであって、本件各賃貸物件管理費は、貸付けの対価に該当するものというべきである。（下線部筆者）」

　「これに対し、原告は、管理費は管理業務に対する費用であり、貸付けの対価ではないと主張するけれども、上記のとおり、原告が管理組合に対して支払うべき費用を本件各賃借人の負担としているものであって、本件各賃借人が管理組合から受ける役務の対価を支払っているものではないから、貸付けの対価に当たるものというべきである。（下線部筆者）」

　「また、原告は、管理費の支払債務は区分所有者となった時点で直ちに発生するものではなく、支払うべき管理費が決定され、管理組合より請求を受けた時点においてはじめて確定した債務となるところ、本件では、本件各賃借人に対し、直接管理費の請求がなされているのであり、いったん原告に本件各管理費の支払債務が発生し、これを本件各賃借人が支払うことによって原告の債務が免除されるというような関係にはないとも主張する。

　しかし、管理費は、管理組合から原告に対する請求があって初めて発生するものではなく、支払うべき管理費の額が決定された時点で、原告の具体的な債務として発生するものと認めるのが相当である。また、原告と本件各賃借人との間の合意内容を見ても、原告と本件各賃借人とが管理費を連帯して負担するものとされているのであって、本件各賃借人が支払を怠るまで原告に債務が発生しないものとは到底解されない。

　したがって、争点2に関する原告の主張は、採用することができず、本件各賃貸物件管理費のうち本件各賃借人が支払った管理費相当額は、原告の事業として対価を得て行われる資産の貸付けの対価に該当する。（下線部筆者）」

　なお、上記判決に不服の原告は控訴したが、控訴審（大阪高裁平成25年4月11日判決・訟月（参）60巻2号472頁、TAINS Z263-12196）でも本判決は維持さ

れ、確定している。

[4] 本裁判例から学ぶこと

〈課税仕入れにおける対価の意義〉

　本裁判例は一般に、特に争点1に関し、課税仕入れにおける対価の意義について明らかにしたものと解されている[22]。

　すなわち、区分所有者が管理組合に対して支払う管理費は、管理組合が行う役務提供の内容と区分所有者が負担する費用（管理費であり、対価である）との間に「個別具体的」（対価の具体的対応性基準）で「明白な対価関係」（明白な対価関係基準）があれば、区分所有者において課税仕入れとする余地があるものの、本件はそれが見いだせなかったため、課税仕入れには該当しないと判示されたところである。

　しかし、中には管理組合が区分所有者に対して行う役務の提供等で、課税取引と判断された裁決事例（国税不服審判所平成19年7月9日裁決・裁決要旨検索システム参照）がある。

　それによれば、「管理費及び修繕積立金の支払は、役務提供の対価としての支払、すなわち課税仕入れであるとは認められないが、当該課税期間において、当該管理費及び修繕積立金から上記各マンションの維持管理業務等を行っている各管理組合の業務委託業者によって、実際に当該各マンションの維持管理等に充てられた金額については、実質的に請求人が本件各マンションの維持管理業務に係る費用を負担していることとなるから、役務提供の対価としての支払となり、消費税法第30条第1項に規定する課税仕入れであると認めるのが相当である」としている。

　すなわち、「マンションの維持管理業務等を行っている各管理組合の業務委託業者によって、実際に当該各マンションの維持管理等に充てられた金額」は、「実質的に請求人が各マンションの維持管理業務に係る費用を負担してい

22　太郎良留美「課税仕入れにおける対価の意義」中里他編『租税判例百選（第6版）』（有斐閣・2016年）169-170頁。

る」と考えられることから、管理費と管理組合が行う役務提供の内容とに対応関係が見いだせる（「対価の具体性基準」及び「明白な対価関係基準」のいずれも満たす）ため、課税仕入れに該当すると判断されたことになる。

ただし、残念ながら、当該事案においては、「当該各管理組合は、仕入税額控除の要件とされている消費税法第30条第8項第1号に掲げる事項を記載した帳簿を作成していないことから」、消費税法第30条第1項に規定された仕入税額控除の適用を受けることができなかった。

帳簿書類等の保存要件を満たすのは当然のこととして、管理組合に支払った管理費の仕入税額控除につき悩んでいる事業者は、当該裁決事例の内容を参考にするのがよいものと考えられる。

〈国税庁ホームページ上の取扱い〉

国税庁は通達において、同業者団体等がその構成員から徴収する会費・組合費等は、その同業者団体等が構成員に対して行う役務提供との間に明白な対価関係があるかどうかにより、資産の譲渡等の対価であるかどうかを判定するとしており（消基通5-5-3、5-5-4）、マンションの管理費についても、ホームページにおける質疑応答事例において、「マンション管理組合の課税関係」という照会及びその回答を公表している。それによれば、以下のとおり回答している。

マンション管理組合は、その居住者である区分所有者を構成員とする組合であり、その組合員との間で行う取引は営業に該当しません。

したがって、マンション管理組合が収受する金銭に対する消費税の課税関係は次のとおりとなります。

イ　駐車場の貸付け………組合員である区分所有者に対する貸付けに係るものは不課税となりますが、組合員以外の者に対する貸付けに係るものは消費税の課税対象となります。

ロ　管理費等の収受………不課税となります。

上記回答は、本事例の裁判所の判示と基本的に同旨である。すなわち、区分所有者が支払う管理費は消費税の課税対象外（不課税）取引であるため、管理組合における課税売上にはならず、区分所有者における課税仕入れにもならないということである。

このような取扱いとなるのは、国税庁は、マンションの管理費について、区分所有者から徴収する管理費と、その管理費を原資に管理組合が外部のメンテナンス業者等に依頼する雑多な管理業務（本件裁判例でいえば、管理組合事務所の維持、集会の開催、収支管理、負担金の徴収、公租公課の支払い、訴訟関係事務など）とを明確に紐づけできないという実態があるということを前提に検討しているためであると考えられる。

となると、仮に、例えば、管理組合が必要なメンテナンスに関し業者から個々に見積もり等をとった上で発注し、区分所有者からその金額を実費徴収するといった形態を採っている場合には、それが管理費という名目であっても区分所有者における課税仕入れになる余地があるといえよう（消基通5-5-3（注）2参照）。

したがって、上記質疑応答事例に関し、「マンション管理組合は、その居住者である区分所有者を構成員とする組合であり、その組合員との間で行う取引は営業に該当しません。」という記述のうち「営業に該当するかどうか」は、課税仕入れにおける対価の意義を判断する際に、直接影響を及ぼす要因ではないといえるだろう。

〈賃借人が管理組合に直接支払った管理費の課税売上該当性〉

争点2の、賃借人が管理組合に直接支払った管理費（管理費（B））の課税売上該当性も、取引の内容を注意深くみていかないと誤りやすい事項である。

管理組合との関係では、管理費（B）は区分所有者である原告が負担すべきものであり、賃貸借契約上、原告がそれを賃借人に転嫁することは可能であるが、実際に支払われている当該金額を原告の課税売上から除外することはできない。なぜなら、これを許容すると、消費税の租税回避を行うことが容易に可能となるからである。

原告は賃借人から管理費（B）を実際には徴収していないのだから、その金額を課税売上に含めるのはおかしいという反論もあり得る。しかし、管理費（B）相当額の収受は確かにないが、その金額は本来原告が負担すべき金額であり、その負担を免れているのだから、原告は賃借人から管理費（B）相当額の経済的利益を享受している（裁判所の判示では「管理費の支払義務を免れるという利益を得ている」）といえる。そうなると、管理費（B）相当額は原告の課税売上に含めるべきということになる。

もちろん、原告と賃貸人との間の契約上、管理費（B）相当額を徴収しないとするのは自由である。しかし、その場合であっても、区分所有者の地位に基づいて管理費の支払債務を負っている原告は、管理組合に対して管理費（B）相当額の支払いを免れることはできないのである。

さらに、仮に原告が管理費（B）相当額を賃借人から収受し、同額を管理組合に支払った場合、原告の課税売上は増加するものの、当該管理費（B）に直接の対価性が見いだせない限り（争点1参照）、課税仕入れは増加しない。

すなわち、原告が賃借人から管理費（B）相当額を収受しようが、賃借人が直接管理組合に当該金額を支払おうが、原告における消費税の課税関係は変化しないこととなる。

Case 3-5 管理組合が区分所有者に対して行う役務提供の課税仕入れ該当性

[1] 事例の説明

上記 Case 3-4 に似た事案であるが、結論がやや異なるのが本事例（国税不服審判所平成22年6月24日裁決・TAINS F0-5-139）である。

本件は、不動産賃貸業等を営む審査請求人が、ビルの区分所有者として支払った当該ビルに係る管理費及び運営を委託されたビルの駐車場の運営収益から支払った納付金を消費税及び地方消費税における課税仕入れの対価としたところ、原処分庁が、それらはいずれも課税仕入れとは認められないとして、ま

た、請求人の所有する賃貸用事務室（ビルの専有部分）の賃借人が支払った管理費は、資産の貸付けの対価に当たり課税資産の譲渡等の対価に含まれるとして消費税等の更正処分等を行うとともに、当該管理費相当額は、法人税法上の収益として益金の額に算入すべきであるなどとして法人税の更正処分及び再更正処分をしたことに対し、請求人が、原処分庁の事実認定に誤りがあるから各処分は違法であるとして、消費税等についてはその全部の取消し、法人税については再更正処分の一部の取消しを求めた事案である。

[2] 本件の争点

本件の争点は法人税の取扱いを含め3点あるが、ここでは消費税に係る以下の2点について検討する。
■争点1：請求人が区分所有者として支払ったビルの管理費は、課税仕入れの対価に当たるか否か。
■争点2：請求人がビルの駐車場の運営収益から支払った納付金は、課税仕入れの対価に当たるか否か。
なお、争点2に係るビルの駐車場の運営方法を図示すると、概ね以下のとおりとなる。

○　ビルの駐車場の運営方法

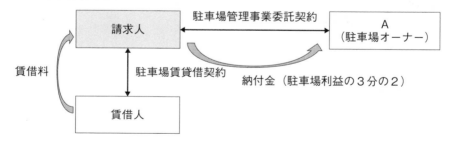

[3] 審判所の判断

〈争点1について〉

「争点は、請求人が区分所有者として支払った本件各ビルについての本件各管理費が課税仕入れの対価に該当するか否かであるが、その前提として、本件各管理費の支払根拠となる本件各管理規約を定める本件各管理組合の性格について、請求人と原処分庁との間に争いがあるので、まず、この点から検討する。」

「①本件各管理組合は、（中略）、区分所有者により定められた本件各ビルの管理等に関する本件各管理規約を有しており、いずれの管理組合も、定期的に集会等を開催し、集会等において本件各ビルに関する事項や活動等について協議、報告、議決等が行われるなど、団体としての組織を備えているということができる。

つぎに、②区分所有者集会の議決は、（中略）、区分所有者の登記床面積の割合等による議決権の各過半数で決すると定められており、多数決の原則が行われているということができる。

そして、③本件各管理組合の構成員である区分所有者が所有権を譲渡することなどによって、建物の区分所有権が移転した場合には、（中略）、本件各管理組合において構成員の変更が生じる場合にも、管理規約や集会等の決議は引き続き有効であって、本件各管理組合の存続については影響がなく、構成員の変更にかかわらず団体が存続する。

また、④本件各管理組合の代表者の選定方法については、（中略）、（ⅰ）本件各管理組合内に設置された運営協議会又は理事会（以下「協議会等」という。）においては、本件各管理規約又は集会等の決議により協議会等の任務とされた事項等を審議することなどが定められていることから、協議会等は、本件各管理組合内における業務執行の決定機関たる位置付けを与えられていると認められること、（ⅱ）本件各管理規約（中略）においては、（中略）、協議会等の委員（理事会の場合は理事）から互選により選任される協議会等の会長（理

事会の場合は理事長）１名が、協議会等を代表すると定められていることなど、上記本件各管理規約等の全体を合理的に解釈すれば、業務執行の決定機関たる協議会等を代表する旨定められた会長（理事会の場合は理事長）が、本件各管理組合の代表者であると解するのが相当である。

　これに加えて、本件各管理組合においては、区分所有者により構成される集会等が定期的に開催されていること、同集会等において決算等の決議を行って財産の管理をしていることを考慮すれば、本件各管理組合は、その組織において、代表者の選定方法、総会の運営、財産の管理等団体としての主要な点が確定している団体であるということができる。

　以上によれば、上記イの（イ）の①から④のすべてを満たすことから、本件各管理組合は、消費税法第２条第１項第７号に規定する「人格のない社団等」に該当するものと判断できる。そうすると、消費税法第３条は、人格のない社団等を法人とみなしてこの法律の規定を適用する旨規定しており、また、消費税法第２条第１項第４号は、事業者は個人事業者及び法人をいうとする旨規定していることから、本件各管理組合は、事業者に該当することになる。（下線部筆者）」

　「本件各管理規約は、本件各管理費について、（中略）、本件管理費はおおむね共用部分の管理に要する費用及び管理組合の運営に要する費用で構成されているところ、これらの費用は、一般に、事前に正確な金額を把握することが困難であるし、多種多様な費用が想定されることから、事後的に支出した費用を各区分所有者全員で持分割合等に応じて負担させることもはんさであって現実的ではない性質を有している。そして、（中略）、本件各管理費の具体的な金額の算定方法をみても、いずれも面積、用途等の各区分所有者の専有部分に係る要素を考慮して、集会の決議により決定される旨が定められているものの、共用部分ないし管理組合に係る具体的な支出内容等は金額の算定における考慮要素とはされておらず、また、（中略）、本件各管理組合の収入の88.6％ないし98.9％が管理費に係る収入であり、さらに、同じく各「差引」の各「割合」欄のとおり、本件各管理組合において、いずれの年度も収入の3.5％ないし35.4％

の余剰金が生じている。これらの事実によれば、本件各管理費は、本件各管理組合がその業務全体に要する費用の額を見積もり、これを上回る一定額を各区分所有者の専有部分の面積等の諸要素に応じて区分所有者から徴収する性質の金員であって、本件各管理組合が行う個々の業務ないしその費用との直接的な関連性が明らかな金員であるとはいえない。（下線部筆者）」

「消費税法第2条第1項第8号、第9号及び第12号によれば、本件各管理費が課税仕入れの対価に当たるためにはそもそも本件各管理費に係る取引に対価性を要するところ、本件各管理費に係る取引に対価性があるか否かについては、（中略）、その受領先である本件管理組合が各区分所有者とは独立した権利義務の帰属主体として扱われる人格のない社団等であることから、飽くまでも本件各管理費と本件各管理組合自体が行う種々の業務との間に明白な対価関係があるか否かで判断すべきである。これを本件についてみると、（中略）、本件各管理費と本件各管理組合が行う種々の業務との間に、直接的で明らかな関連性があるとは認められないのであるから、明白な対価関係があるとはいえない。以上によれば、本件各管理費の支払は、本件各管理組合が対価を得て行う資産の譲渡等の対価に当たらないので、本件各管理費は課税仕入れの対価に当たらず、請求人は、本件各管理費について、消費税法第30条第1項が規定する課税仕入れに係る消費税額として控除することはできない。（下線部筆者）」

〈争点2について〉

「争点は、請求人が支出した納付金が課税仕入れの対価に該当するか否かであるが、本件駐車場賃貸借事業に関して、（中略）、本件駐車場管理事業委託契約が存在していることから、まず、本件駐車場賃貸事業を営む主体が同契約書上の委託者であるAであるのか、あるいは、受託者である請求人であるかについて判断する。」

「本件駐車場賃貸借事業の主体については、①委託者と受託者との間の契約の内容、②価格の決定者、③資産の譲渡等に係る代金の最終的な帰属者等から総合的に判断するのが相当であるから、以下検討する。」

「本件駐車場管理事業委託契約は、（中略）、①請求人は、駐車場賃貸借業務

に関し自己の責任において、駐車場賃貸借契約の締結、解約及び納付金の請求、受領等を行うこと（第3条）、②請求人は、駐車場の運営に要する必要経費を負担すること（第5条）、③Aが請求人に支払うべき管理委託業務料は無償とすること（第5条）、④請求人は、駐車場の運営により生じた利益の3分の2をAに支払うこと（第7条）がその内容として含まれている。

　以上の契約内容から、本件駐車場管理事業委託契約は、請求人のみがその経費を負担して具体的な活動を行う内容であったと認められる。（下線部筆者）」

　「Aとの間で締結した本件駐車場管理事業委託契約に基づき、（中略）、請求人は駐車場の利用について、自らが契約主体となって利用者と使用契約を締結し、料金を決定していること、②（中略）、請求人が、駐車場管理事業委託契約に係る保証金を預かって管理し、帳簿上も「預り保証金」として計上していることから、請求人が駐車場料金等の価格を決定していると判断することができる。（下線部筆者）」

　「請求人は、Aに対して本件駐車場の運営により生じた利益の3分の2の金額を営業費用として支払っているものの、（中略）、本件駐車場の使用料は、請求人名義の預金口座に入金され、請求人が管理していること、（中略）、請求人の収入として帳簿に計上していることから、駐車場収入の最終的な帰属者は請求人であると判断するのが相当である。」

　「上記（中略）のとおり、本件駐車場管理事業委託契約の内容、駐車場料金等の決定者、駐車場収入の最終的な帰属者及び当事者の認識等を総合的に判断すると、本件駐車場賃貸借事業は、請求人が本件駐車場賃貸借事業の主体であると認めるのが相当である。」

　「本件駐車場賃貸借事業の主体は請求人と認められ、（中略）、本件駐車場管理事業委託契約の内容並びにその運営や経理の実態等から、本件駐車場管理事業委託契約の実質はAが請求人に対し納付金を対価として、本件駐車場を貸し付けた賃貸借契約であると認められ、本件駐車場管理事業委託契約により請求人がAへ支払う納付金は、本件駐車場施設の使用の対価であると認められる。（下線部筆者）」

「もっとも、Aへの納付金を本件駐車場施設の使用の対価、すなわち本件駐車場についての賃貸借契約に係る賃料とみた場合、この金額は（中略）のとおり、本件駐車場事業運営により生じた収入から本件駐車場事業運営に必要な通常の経費を差し引いた額の3分の2と定められているので、上記収入から経費を差し引いた額が零又はマイナスの場合には、一切賃料が支払われないものとなるが、このような賃料の定め方も収益等の金額によって賃料額を具体的に確定することができるものである以上、賃貸借契約の本旨に反するものではない。（下線部筆者）」

「そうすると、Aへの納付金は、請求人が本件駐車場運営事業を行うためにAから本件駐車場施設という資産を借り受けた対価として消費税法第2条第1項第12号に規定する課税仕入れの対価に該当することとなり……（下線部筆者）」

[4] 本裁決事例から学ぶこと

争点1について審判所は、上記 Case 3-4 の裁判例と同様に、「本件各管理費と本件各管理組合が行う種々の業務との間に、直接的で明らかな関連性があるとは認められないのであるから、明白な対価関係があるとはいえない」ため、「本件各管理費の支払は、本件各管理組合が対価を得て行う資産の譲渡等の対価に当たらないので、本件各管理費は課税仕入れの対価に当たらず、請求人は、本件各管理費について、消費税法第30条第1項が規定する課税仕入れに係る消費税額として控除することはできない」と判断している。

○　賃貸物件の管理費に係る課税仕入れ該当性

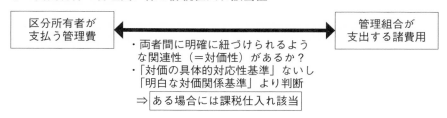

一方、争点2について審判所は、請求人がビルの駐車場の運営収益から支払った納付金は、課税仕入れの対価に該当すると判断している。

　請求人が支払った納付金は管理費ではないため、争点1と単純に比較することはできないが、課税仕入れの意義を理解する上で参考になる裁決事例であるといえる。

　請求人が行っている駐車場の運営は、やや特殊な運営形態で、駐車場の所有者であるAからの委託により行っているもので、実質的にAから請求人に「丸投げ」の状態である。

　両者間の業務委託契約により、請求人は当該委託契約の対価として、管理委託業務料の代わりに駐車場の運営により生じた利益の3分の1を収受し、差額の3分の2を納付金としてAに支払っている。

　当該契約内容につき、審判所は、「本件駐車場賃貸借事業の主体は請求人と認められ、（中略）、本件駐車場管理事業委託契約の内容並びにその運営や経理の実態等から、本件駐車場管理事業委託契約の実質はAが請求人に対し納付金を対価として、本件駐車場を貸し付けた賃貸借契約であると認められ、本件駐車場管理事業委託契約により請求人がAへ支払う納付金は、本件駐車場施設の使用の対価であると認められる」と判断している。

　すなわち、審判所は当該契約につき、

①　Aは所有する駐車場を請求人に貸し付け、

②　請求人は当該駐車場の運営を行い、駐車場スペースを賃借人に貸し付けてその使用料を賃借人から収受し、

③　請求人は駐車場の運営により稼得した利益の3分の2を納付金として
　　Aに支払っているが、これは駐車場の賃借料に相当する、

と解したことになる。

　したがって、請求人からAに支払う当該納付金は、請求人の消費税の申告上、課税仕入れとなるわけである。

　さらに興味深いのは、請求人がAに支払う納付金の決定方法が、駐車場の運営により稼得した利益の3分の2と「利益」をベースにしている点である。

利益をベースにすると、納付金は当然その水準により上下するわけであるが、業務内容との兼ね合いでそれが正当な「対価」といえるのかが問題となり得る。

　これについて、審判所は、「このような賃料の定め方も収益等の金額によって賃料額を具体的に確定することができるものである以上、賃貸借契約の本旨に反するものではない」と判断し、課税仕入れの対価に該当するとしている。

　実務の参考になる判示ではないかと考えるところである。

Case 3-6　賃貸用マンションを取得した場合の課税仕入れに係る用途区分

[1]　事例の説明

1　用途区分とは

　付加価値税である消費税の仕組みにおいて最も重要な要素として挙げられるのは、仕入税額控除制度であろう。仕入税額控除制度は、課税の累積を排除するため、前段階の税額である課税仕入れに含まれる消費税額を控除する仕組みである。

　仕入税額控除制度には、大きく分けて個別対応方式と一括比例配分方式の2つがある。このうちの一括比例配分方式においては、課税仕入れ等に係る消費税額について、特にその中身を区分することなく課税売上割合で按分計算した金額を仕入控除税額とする方法を採っている。

　一方、個別対応方式においては、課税仕入れ等に係る消費税額について、対応する売上（資産の譲渡等）により必ず以下の三種類のうちのいずれか一つに分類し、その分類に基づき仕入控除税額を計算する方法を採っている（消法30②一）。

　①　課税資産の譲渡等にのみ要するもの

　②　その他の資産（非課税資産）の譲渡等にのみ要するもの

　③　上記①②に共通して要するもの

個別対応方式におけるこのような3つの分類のことを一般に「用途区分」という。ここで重要なのは、個別対応方式の適用の際には、上記用途区分が必須とされているということである。

　すなわち、用途区分を行わないと個別対応方式による仕入控除税額の計算はできず、税務調査においても否認されることとなるのである。

　ただし、用途区分が必須であるとしても、必ず三区分に対応する金額がないと個別対応方式の適用がない、というわけではないことに留意すべきであろう。

　場合によっては、ある区分、例えば「その他の資産（非課税資産）の譲渡等にのみ要するもの」が全く存在せず、結果としてその区分の金額だけゼロとなることもあり得るが、この場合も個別対応方式の適用には問題がない。

2 用途区分と非課税取引

　用途区分の分類は、端的にいえば、課税仕入れに対応する売上の中から非課税売上を抽出する作業であるといえる。

　この「非課税売上」で、実務上、最も問題となりやすいのが土地の譲渡及び貸付け（消法6①、別表第1一）と住宅の貸付け（消法6①、別表第1十三）に係るものであろう。その中でまず見ていきたいのは、法人が販売目的で居住用マンションを取得したものの、実際に販売するまでの一定の期間、賃貸借募集を行い居住者から賃料を収受した場合、居住用マンションの取得に係る課税仕入れの用途区分が問題となった事例（さいたま地裁平成25年6月26日判決・TAINS Z263-12241、確定）である。

3 居住用マンションの取得に係る課税仕入れの用途区分が問題となった事例

　当該事例の概要を確認すると、本件は、B株式会社（不動産及びコンテナの売買、仲介、賃貸、リース及び管理等を目的とする株式会社）を吸収合併した原告（土木、建築工事の請負等を目的とする株式会社）が、本庄税務署長が平成21年12月22日付けで原告に対して行った、Bに係る平成20年7月1日から平成21年5月30日までの課税期間の消費税等の更正及び過少申告加算税の賦課決定について、消費税法第30条第2項第1号により控除しなければならない課税仕入税額

が控除されていないとして、その一部取消しを求めた事案である。

本件における課税仕入れの経緯は以下のとおりである。

1）Ｂは、平成19年11月29日、総合建設業を営むＣ株式会社との間で、千葉県松戸市の土地上の居住用ワンルームマンションの建物及びこれに付随する機械式駐車場の建築工事をＣが代金計2億5,032万円で請け負う旨の工事請負契約を締結した。

2）Ｂは、平成19年12月19日、株式会社Ｄとの間で、ＢがＤに本件マンション及びその敷地等の信託受益権を3億7,700万円で譲渡する旨の信託受益権売買契約を締結した。

なお、本件信託受益権売買契約では、Ｄがテナントを募集し、入居させることをＢが承諾すること（同契約書8条3項）、及びＢ自らがテナントを募集し、賃貸借契約を締結することができることが定められており（同契約書8条5項）、本件信託受益権の譲渡の効力発生日である本件売買日（平成20年10月末日、同契約書4条3項）の前日までに生じる賃料はＢが、その後に生じるべき賃料はＤがそれぞれ取得するものとされていた（同契約書8条4項）。

3）東京地方裁判所は、平成20年9月、Ｄについて破産手続開始の決定をした。

4）Ｂは、平成20年9月30日、本件請負契約に基づき、Ｃから本件マンションの引渡しを受けた。Ｂは、同日、株式会社Ｅとの間で、本件マンションの賃貸借及び管理業務を委託する旨の契約を締結した。同契約には、本件マンションは居住用で、居住以外の事務所使用は不可との記載がある。

5）Ｂは、平成20年10月3日、Ｄの破産管財人に対し、本件信託受益権売買契約について、確答期限を同月31日として、破産法第53条第2項1文に基づく催告をしたが、同日までに確答がなく、同契約は同項2文により解除されたものとみなされた。

6）Ｂは、平成20年10月20日、Ｅを代理人として、テナントに対し、本件マンションの居室を賃貸した。Ｂが平成20年7月1日から平成21年5月30日

までの課税期間において当該賃貸により収受した賃貸料は807万7,880円である。

7）Bは、平成21年5月30日、戊に対し、本件信託受益権売買契約の対象であった本件マンション等を2億7,000万円で売却する旨契約し、同年6月23日付けで、戊への所有権移転登記がされた。

[2] 本件の争点

本件課税仕入れの目的は何か。すなわち、Bによる本件マンションの取得が、「課税資産の譲渡等にのみ要するもの」と「課税資産の譲渡等とその他の資産の譲渡等に共通して要するもの」のいずれに区分されるか。

[3] 裁判所の判断

「個別対応方式（法30条2項1号）により控除対象となる仕入税額を計算する場合には、当該課税仕入れが「課税資産の譲渡等にのみ要するもの」、「課税資産の譲渡以外の資産の譲渡等にのみ要するもの」又は「課税資産の譲渡等とその他の資産の譲渡等に共通して要するもの」のいずれに区分されるものかを明らかにする必要がある。

仕入税額控除は、流通過程における税負担の累積を防止するため、一定の要件の下に、資産等の譲渡に係る税額から仕入税額を控除する制度であるが、法30条の規定に照らすと、仕入れた資産が、仕入日の属する課税期間中に譲渡されるとは限らないため、控除額の算定においては、仕入れと売上げの対応関係を切断し、当該資産の譲渡が実際に課税資産譲渡に該当したか否かを考慮することなく、仕入れた時点において、課税仕入れに当たるか否かを判断するものとしたと解される。

このような制度趣旨にかんがみると、上記用途区分は、課税仕入れを行った日の状況等に基づき、当該課税仕入れをした事業者が有する目的、意図等諸般の事情を勘案し、事業者において行う将来の多様な取引のうちどのような取引に要するものであるのかを客観的に判断すべきものと解するのが相当である。

（下線部筆者）」

「Bは平成20年9月30日、本件請負契約に基づいてCから本件マンションの引渡しを受けているのであるから、本件課税仕入れである本件マンションの取得を行った日は、「資産の譲受け」をした同日となる。

したがって、本件マンションの取得の用途区分は、同日の状況に基づいて客観的に判断すべきことになる。（下線部筆者）」

「本件請負契約及び本件受益権売買契約の経緯（中略）からすると、本件マンションはもともとDへの信託受益権の売却を目的として建設・購入されたものであったといえる。また、本件受益権売買契約は本件課税仕入れの日より後の平成20年10月31日の経過をもって解除されたものとみなされた（中略）のであるから、客観的には、本件課税仕入れ時には、同契約は存続していたといわざるを得ない。加えて、Bは、Dが破産しそうだという情報を得た後には、Hに本件マンションの価値の再査定を依頼してD以外の第三者に売却する準備を進め（中略）、Dの破産手続開始決定の直後にはD以外に売却する方針を固め（中略）、最終的には戊に本件マンションを売却したのである（中略）。これらの経緯からすると、Bにおいて、本件課税仕入れである本件マンションの取得時に、Dが破産状態に陥ったために同契約が履行されないと考えていたかどうかはともかく、客観的に見て、本件マンションを販売する又はその信託受益権を譲渡する目的で取得したということは否定できない。（下線部筆者）」

「一方、Bは本件課税仕入れの日と同日にEとの間で本件管理委託契約を締結し、その後間もなく、Eを通じ丙及び丁との本件各賃貸借契約を締結している（中略）。そして、本件管理委託契約及び本件各賃貸借契約とも、本件マンションの使用目的を住宅に限定している（中略）。さらに、Bは、本件課税期間において、本件マンションの貸付け等に係る収入として807万7,880円の賃料収入を得ている（中略）。これらの経緯からすると、Bにおいて、本件課税仕入れである本件マンションの取得時に、客観的にみて、本件マンションを住宅として貸し付ける目的でも取得したと認めるのが相当である。

このように、本件課税仕入れであるBによる本件マンションの取得は、本

件課税仕入れの日である平成20年9月30日当時において、本件マンションを販売する（信託受益権を譲渡する）目的とともに、住宅として貸し付けることを目的としてされたと認められる。（下線部筆者）」

「原告は、仮に、Ｂが本件課税仕入れを行った日である本件マンションの引渡しの日（平成20年9月30日）において、その目的が明らかでなかったとすれば、その日の属する課税期間の末日である平成21年5月30日時点では、Ｂが戊に本件マンションを売却したことにより、本件マンションの取得が「課税資産の譲渡等のみに要するもの」に該当することが明確になったのであるから、基本通達11-2-20に従い、この区分によるべきである旨主張する。

しかしながら、基本通達11-2-20は、課税仕入れの用途区分は課税仕入れの状況で判断すべきであるとの原則を示した上、課税仕入れの日に用途区分が定まっていない場合において、課税期間の末日までに当該区分が明らかにされたときには、例外的に、この明らかにされた区分によって個別対応方式を適用できるとしたものである。そして、前記（中略）で判断したとおり、Ｂが本件課税仕入れの日において本件マンションを住宅の貸付の目的でも取得していたことは明らかであるから、この日において既に用途区分は定まっていたといえる。

したがって、本件では基本通達11-2-20が適用される余地はないのであり、本件課税仕入れの日にその目的が明らかでなかったことを前提とする原告の前記主張は採用できない。（下線部筆者）」

「以上からすると、本件課税仕入れは、「課税資産の譲渡等にのみ要するもの」ではなく、「課税資産の譲渡等とその他の資産の譲渡等に共通して要するもの」に該当することとなる。」

[4] 本裁判例から学ぶこと

1 課税仕入れ等に係る用途区分の判断のタイミング

仕入税額控除に関し、個別対応方式を採用した場合には、課税仕入れ等に係る右ページの3つの用途区分を判断し、その区分ごとに仕分ける必要がある。

① 課税資産の譲渡等にのみ要するもの

② その他の資産（非課税資産）の譲渡等にのみ要するもの

③ 上記①②に共通して要するもの

　この場合、用途区分をいつの時点で判断するのかが問題となり得るが、基本的には、課税仕入れを行った日の状況により行うこととなる（消基通11−2−20）。

　このことは、本件における裁判所の判示においても、「法30条の規定に照らすと、仕入れた資産が、仕入日の属する課税期間中に譲渡されるとは限らないため、控除額の算定においては、仕入れと売上げの対応関係を切断し、当該資産の譲渡が実際に課税資産譲渡に該当したか否かを考慮することなく、仕入れた時点において、課税仕入れに当たるか否かを判断するものとしたと解される」ことから、「用途区分は、課税仕入れを行った日の状況等に基づき、当該課税仕入れをした事業者が有する目的、意図等諸般の事情を勘案し、事業者において行う将来の多様な取引のうちどのような取引に要するものであるのかを客観的に判断すべきものと解するのが相当である」として、「課税仕入れを行った日」が基準となる旨を明らかにしている。

2 課税仕入れを行った日の状況

　それでは、用途区分は課税仕入れを行った日の状況により判断するものとして、その状況はどのように判断されたのであろうか。

　まず、「本件課税仕入れである本件マンションの取得時に、（中略）、客観的に見て、本件マンションを販売する又はその信託受益権を譲渡する目的で取得したということは否定できない」と認定し、マンションそのものの販売又は信託受益権の譲渡のいずれかを目的に取得したということで、裁判所はいずれであっても「課税資産の譲渡等にのみ要するもの」に該当すると判断している。

　一方で、課税仕入れの日において「Ｅとの間で本件管理委託契約を締結し、

その後間もなく、Eを通じ丙及び丁との本件各賃貸借契約を締結している」という事実があり、当該賃貸借契約は「本件マンションの使用目的を住宅に限定している」ことから、住宅の貸付けに該当するものと認定できる。

したがって、裁判所は、「本件課税仕入れである本件マンションの取得時に、客観的にみて、本件マンションを住宅として貸し付ける目的でも取得したと認めるのが相当である（傍点筆者）」と判断している。

実際に、Bが平成20年7月1日から平成21年5月30日までの課税期間において当該賃貸により収受した賃貸料は807万7,880円ある。

3 用途区分の判断

上記 2 をまとめると、要するに裁判所は、「課税仕入れを行った日」においては、その取得には2つの目的があり、その両者を合わせて考えると、課税仕入れの用途区分は「課税資産の譲渡等とその他の資産の譲渡等に共通して要するもの」に該当すると判断したのである。

前ページに掲げた図における3つの用途区分のうち、①だけでなく②の要素もあるのであれば、必然的に③になるというわけである。

Case 3-7 医療法人が行う介護事業に係る課税仕入れの用途区分

[1] 事例の説明

本件は、医療保健業を営む納税者（審査請求人）が、消費税法第30条第2項に規定する課税仕入れ等の税額の計算を行うにあたり、同項第1号に規定する方法である個別対応方式を選択して申告したところ、原処分庁（課税庁）が、個別対応方式における課税仕入れの用途区分に区分誤りがあるとして更正処分等を行ったのに対し、請求人が、区分誤りはないとして同処分等の全部の取消しを求めた事案である（国税不服審判所平成22年12月8日裁決・裁事81号、TAINS J81-6-14）。

請求人は、平成2年2月に設立された医療法人であり、Dが理事長を務め

ている。請求人は、平成19年2月22日に、F市が公募する認知症対応型共同生活介護（グループホーム）を内容とする地域密着型サービス事業に応募したところ、平成19年3月26日付けのF市長からの「F市介護保険施設整備計画に基づく認知症対応型共同生活介護申請の選考結果について（通知）」により、請求人の本件介護事業の計画を適当と認める旨の通知を受けた。

　請求人は、平成19年11月29日にG社との間において、グループホームHの新築工事に係る工事請負契約を締結し、平成20年5月21日に当該施設の引渡しを受けた。また、請求人は、平成20年4月28日に「消費税課税期間特例選択届出書」及び「消費税簡易課税制度選択不適用届出書」を提出し、同年5月1日以後について、課税期間を1か月とすることとし、簡易課税制度選択の適用をやめることとした。

　次に、請求人は、平成20年5月12日にJ社との間において、自動販売機の設置及びその運用に係る自動販売機設置契約を締結した。そして、請求人は、当該設置契約に基づき、清涼飲料製品に係る自動販売機をグループホームHの玄関前に設置した。なお、請求人は、平成20年5月1日から同年5月31日までの課税期間における自動販売機設置に係る手数料として2,173円を得た。

　請求人は、上記課税期間（1か月）における課税売上割合が100分の95に満たないことから、個別対応方式における用途区分について、グループホームHに係る施設や附属の構築物、当該施設内に設置する什器及び備品等の購入といった課税仕入れを、課税資産の譲渡等にのみ要するものに区分し、課税標準額に対する消費税額から控除する課税仕入れ等の税額（控除対象仕入税額）を計算して、上記課税期間の消費税等の申告書を提出した。

　一方課税庁は、個別対応方式における用途区分について、上記課税仕入れは、課税資産の譲渡等とその他の資産の譲渡等に共通して要するものに区分されるとして、更正処分等を行った。

　本件に係る上記取引を時系列で示すと次ページの表のとおりとなる。

○ 取引に関する時系列

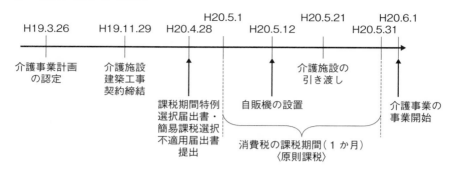

[2] 本件の争点

本件課税仕入れの用途区分は、課税資産の譲渡等にのみ要するものか、それとも課税資産の譲渡等とその他の資産の譲渡等に共通して要するもののいずれなのか。

[3] 審判所の判断

審判所は以下のとおり判示して納税者の主張を斥けた。

「消費税法基本通達11-2-20は、用途区分の判定について、課税仕入れを行った日の状況により行うこととなる旨定めているところ、この課税仕入れを行った日の状況とは、当該課税仕入れを行う目的や当該課税仕入れに対応する資産の譲渡等がある場合には、その資産の譲渡等の内容等を勘案して判断するのが相当と認められる。請求人は、(中略)、平成19年2月22日にF市介護保険施設整備計画に基づく認知症対応型共同生活介護の事業予定者に応募し、同年3月26日付で、F市の介護保険施設整備計画に基づく本件介護事業の適正事業者の決定を受け、同年11月29日に本件施設の工事請負契約を締結して本件施設の新築工事に着工し、平成20年5月21日に引渡しを受けたこと及び、(中略)、平成20年5月12日に本件申請書にその事業開始予定年月日を同年6月1日と記載して提出し、本件指定通知書を受理していることからすれば、請求人は、本

件施設の取得日において、介護保険法の規定に基づく介護事業を行う目的で本件施設を取得したものとみるのが相当である。

　そして、本件介護事業は、介護保険法第8条第18項に規定する認知症対応型共同生活介護に該当し、消費税法第6条、別表第一第7号イ及び消費税法施行令第14条の2第3項第2号の規定により、本件介護事業に係る資産の譲渡等については、原則として消費税は課されないこととなる。

　もっとも、請求人の行う本件介護事業に伴って種々の課税資産の譲渡等が生ずるのが通常であることからすると、本件課税仕入れについて、非課税用とみることはできない。

　現に、請求人は、本件課税期間内において、（中略）、自動販売機設置手数料を得ており、課税資産の譲渡等を行っているところである。

　以上のことから、本件課税仕入れに係る個別対応方式の適用における用途区分については、共通用に区分するのが相当である。（下線部筆者）」

　「これに対し、請求人は、本件課税期間においては介護保険法上の指定を受けていないため、本件施設で本件介護事業を行うことは不可能であり、本件課税期間における本件施設に係る課税資産の譲渡等は自動販売機設置手数料のみしかないが、本件施設は飽くまでも課税用として供しており、本件課税仕入れは課税用に区分される旨主張する。

　しかしながら、請求人は、原則として消費税が課されない介護事業を行う目的で本件施設を取得したものと認められることは（中略）で述べたとおりであるから、請求人の主張には理由がない。（下線部筆者）」

［4］ 本裁決事例から学ぶこと

〈いわゆる自動販売機節税法スキーム〉

　本事案はかつて一世を風靡した、いわゆる「自動販売機節税法スキーム[23]」

23　その内容については、拙著『消費税の税務調査対策ケーススタディ』（中央経済社・2013年）116-118頁及び拙著『消費税［個別対応方式・一括比例配分方式］有利選択の実務』（清文社・2013年）72-74頁参照。

の可否について争われたものである。

　当該スキームは居住用の賃貸マンション（賃料収入は消費税非課税）を保有するオーナーが、もっぱらその建築費に対して課される巨額の消費税額を控除する目的で、賃貸マンションの敷地内にわざわざ自動販売機を設置して課税売上を発生させるというものである。

　本件の場合、課税期間を最短の１か月にすることで、その期間に非課税売上が発生することを可能な限り抑えようとしている。

　当該スキームの問題点につき、会計検査院が平成21年に指摘したこと[24]を受け、平成22年度の税制改正で以下の措置が講じられた。

〈課税事業者ステータスの３年間強制適用〉

　第一に、専ら自動販売機の設置による当該租税回避スキームを規制する目的で、平成22年度の税制改正により、課税事業者を選択した事業者が課税事業者となった課税期間の初日から２年を経過する日までの間に開始した各課税期間、又は、新設法人（消法12の２①）及び特定新規設立法人[25]（消法12の３①）が基準期間のない事業年度に含まれる各課税期間中（いずれも簡易課税の適用を受けている課税期間を除く）に「調整対象固定資産」を取得した場合には、その取得のあった課税期間の初日から３年間を経過する日の属する課税期間の初日以後でなければ「消費税課税事業者選択不適用届出書」を提出できないこととされた（課税事業者ステータスの３年間強制適用、消法９⑦、12の２②、12の３③）。

　ここでいう「調整対象固定資産」とは、建物や機械装置といった棚卸資産以外の固定資産で、一取引単位の税抜金額が100万円以上のものをいう（消法２①十六、消令５）。

24　会計検査院平成21年10月20日付け「賃貸マンション等の取得に係る消費税額の納付について」

25　社会保障・税一体改革に伴う消費税法の改正で、平成26年４月１日以後に設立される新規設立法人から適用されることとなった。特定新規設立法人とは、その事業年度の基準期間がない資本金1,000万円未満の新規設立法人（消費税法第12条の２第１項に規定する新設法人及び社会福祉法人を除く）のうち、一定の大規模法人等が設立した法人を指す。

○ 課税事業者ステータスの３年間強制適用

・その１：免税事業者の場合

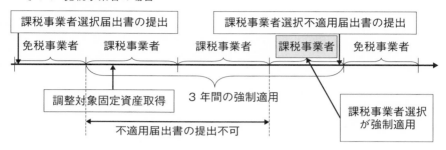

・その２：新設法人の場合

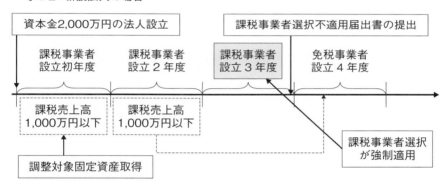

〈簡易課税制度選択届出書の提出制限〉

　第二に、平成22年度の税制改正ではさらに、事業者が以下の期間中に「調整対象固定資産」を取得した場合（その課税期間に簡易課税の適用を受けていない場合に限る）には、その取得のあった日の属する課税期間の初日から３年を経過する日の属する課税期間の初日以降でなければ、「消費税簡易課税制度選択届出書」を提出することはできなくなった（簡易課税選択届出書の提出制限、消法37③一、二）。

　①　課税事業者を選択した事業者の、課税事業者となった課税期間の初日から２年を経過する日までの間に開始した各課税期間

② 新設法人（消法12の2②）又は特定新規設立法人（消法12の3③）の、基準期間がない事業年度に含まれる各課税期間

〈高額特定資産の仕入れ等を行った場合〉

　しかしながら、上記改正だけでは、例えば取得資産が「棚卸資産」である場合、その金額がどれほど多額であっても適用がないため、租税回避スキームを封じ込めることができなかったところである。そこでさらに、平成28年度の税制改正では、以下の2つの改正がなされた。

１ 高額特定資産の仕入れを行った場合

　事業者が、事業者免税点制度及び簡易課税制度の適用を受けない課税期間中

○　簡易課税選択届出書の提出制限

・その1：免税事業者の場合

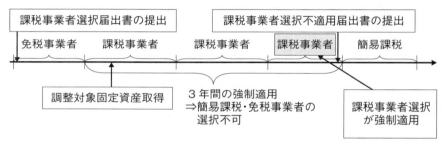

・その2：新設法人の場合

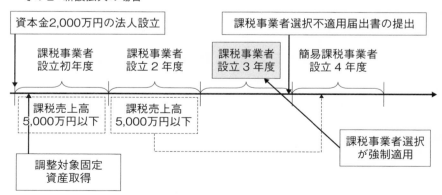

に、以下の①及び②に該当する場合には、高額特定資産の仕入れの日の属する課税期間の翌課税期間からその高額特定資産の仕入れの日の属する課税期間の初日以後3年を経過する日の属する課税期間までの各課税期間においては、事業者免税点制度の適用はない（消法12の4）。

---

① 高額特定資産の仕入れを行った場合
② その高額特定資産の仕入れを行った課税期間において簡易課税の適用を受けない場合

また、その高額特定資産の仕入れの日の属する課税期間の初日以後3年を経過する日の属する課税期間の初日の前日までの期間においては、「消費税簡易課税制度選択届出書」を提出することもできない（消法37③三）。

なお、ここでいう「高額特定資産」とは、一取引につき、課税仕入れに係る支払対価の額（税抜き）が1,000万円以上の棚卸資産又は調整対象固定資産をいう（消法12の4①、消令25の5①）。

○ 高額特定資産の仕入れを行った場合の適用制限

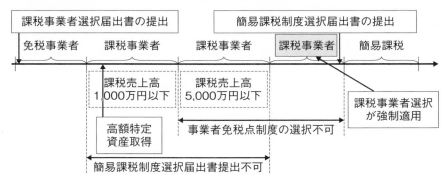

2 自己建設高額特定資産の仕入れ等を行った場合

事業者が以下の①又は②に該当する場合、自己建設高額特定資産の建設等に要した仕入れ等の支払対価の額の累計額が1,000万円以上となった日の属する

課税期間の翌課税期間からその建設等が完了した日の属する課税期間の初日以後3年を経過する日の属する課税期間までの各課税期間においては、事業者免税点制度の適用はない（消法12の4）。

①　自己建設高額特定資産の建設等に要した仕入れ等の支払対価の額（事業者免税点制度及び簡易課税制度の適用を受けない課税期間に行った原材料費及び経費に係るものに限り、消費税額及び地方消費税額相当額を除く）の累計額が1,000万円以上となった場合
②　その自己建設高額特定資産の仕入れ等を行った課税期間につき簡易課税制度の適用を受けない場合

　また、その自己建設高額特定資産の仕入れ等を行った日の属する課税期間の初日から建設等が完了した日の属する課税期間の初日以後3年を経過する日の属する課税期間の初日の前日までの期間は、「消費税簡易課税制度選択届出書」を提出することもできない（消法37③三）。

　なお、ここでいう「自己建設高額特定資産」とは、他の者との契約に基づき、又はその事業者の棚卸資産もしくは調整対象固定資産として、自ら建設等を行った高額特定資産をいう（消法12の4①）。

○　**自己建設高額特定資産の仕入れ等を行った場合の適用制限**

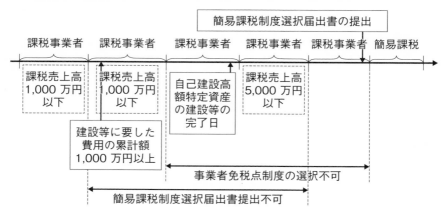

〈租税回避防止策の整理統合〉

　平成28年度の税制改正による高額特定資産の仕入れ等を行った場合の適用制限措置により、いわゆる「自動販売機節税法スキーム」等の租税回避行為の大部分に対し課税の網がかかることとなった。

　しかし一方で、結果として極めて「不格好な」消費税法制度体系となってしまった感が否めない。これまで見たとおり、消費税の租税回避防止策は相当程度複雑化しており、事業者が本書のテーマである「判定誤り」を起こすリスクを高めているといえる。

　課税の公平の観点からは、適切な租税回避防止策を導入することは必要であるが、ただでさえ税賠事案が多い消費税に関し、そのリスクを高める税体系の複雑化は断固として避けるべきであろう。

　その解決のためには、平成22年度の税制改正項目（調整対象固定資産）と、平成28年度の税制改正部分（高額特定資産）とを、消費税に係る個別の租税回避防止策として整理統合すべきと考えられる。

　規制すべき租税回避行為は、取得価額が100万円以上と比較的高額とはいえない調整対象固定資産全般ではなく、取得価額が1,000万円以上（かつ棚卸資産も対象となる）の高額特定資産に係るものであるといえるだろう。

　したがって、租税回避防止策は、平成28年度税制改正で導入された高額特定資産の仕入れを行った場合の適用制限に一本化するのが妥当といえそうである[26]。

〈用途区分判定のタイミング〉

　裁決事例の内容に戻ると、本件のポイントは用途区分の判定のタイミングである。裁決事例においては、消費税法基本通達11-2-20を引き合いに出し、用途区分の判定のタイミングは「課税仕入れを行った日の状況により行うこととなる」としており、「この課税仕入れを行った日の状況とは、当該課税仕入れを行う目的や当該課税仕入れに対応する資産の譲渡等がある場合には、その資

26　熊王征秀『消費税法講義録』（中央経済社・2019年）243頁参照。

産の譲渡等の内容等を勘案して判断するのが相当と認められる」と判示している。

本件の場合、「課税仕入れを行った日の状況」を確認すると、

① 対象となる課税期間（平成20年5月1日～5月31日）の初日の1年以上前に介護事業計画の認定を受けており、それに基づき建設会社と介護施設建設工事契約を締結していること、

② その引き渡しを課税期間中に受けていること、

③ 課税期間中に事業開始予定年月日を同年6月1日と記載して介護事業申請書を提出していること、

④ 課税期間中は自動販売機売上など非課税となる介護事業以外の売上も生じていること

となっており、介護事業計画の申請時から実際の事業開始まで一貫して専ら介護事業を行う目的で介護施設の建設及び取得を行っており、それに付随して介護事業以外の課税売上も生じ得ると認定するのが妥当といえる。

したがって、当該施設の取得に係る用途区分は、非課税売上となる介護事業と課税売上（自動販売機に係る手数料収入を含む）に共通して要するものと区分すべきものとになり、審判所の判断は妥当といえるだろう。

[5] 令和2年度税制改正

令和2年度の税制改正で、消費税の仕入税額控除等につき以下の改正がなされたので、ここで確認しておきたい。

住宅の貸付けについて消費税は非課税であり、居住用の賃貸住宅を取得した場合、その売上（住宅の貸付け収入）のみに要する課税仕入れ（建物の取得に対して課される消費税）は、仕入税額控除の対象から除外される。

しかし、これを回避するため、金などの投資商品の売買を繰り返すことで、課税売上割合を可能な限り引き上げることにより、居住用賃貸建物の取得に対して課される消費税額に関し還付を受け、さらに課税売上割合が著しく変動した場合の税額調整の適用（消法33①）を受けないように調整するスキームを実

行するケースが散見されたところである。

　そこで、令和2年度の税制改正で、居住用賃貸住宅の取得等に係る仕入税額控除に関する以下のような「適正化」がなされた。

１　居住用賃貸住宅の取得時

　高額特定資産（消法12の4①）に該当する居住用賃貸住宅（建物）については、仕入税額控除の適用が認められなくなった。

　ただし、住宅の貸付けの用に供しないことが明らかな部分、すなわち社員に対して無償で貸し付けるために取得した社員寮に供する建物の取得や、販売用に取得した居住用賃貸住宅（棚卸資産）の取得は、引き続き仕入税額控除の適用が受けられることとなる。

２　第3年度の課税期間における調整

　第3年度の課税期間の末日までの間に、住宅の貸付け以外の貸付けの用に供した場合、又は譲渡した場合は、それまでの実績等に応じて計算した控除額を仕入税額控除額に加算して調整する。

３　用途区分の判断のタイミング

　住宅の貸付け（非課税）に係る用途区分の判断は、現状、「契約において人の居住の用に供することが明らかにされているものに限る」こととされている（消法別表第1十三）。

　これが今般の改正により、契約において貸付けに係る用途が明らかにされていない場合であっても、その貸付けの用に供する建物の状況等から人の居住の用に供することが明らかな貸付けについては非課税とされることとなった。

４　免税事業者であった期間に取得した高額特定資産

　事業者が免税事業者であった期間に取得した高額特定資産に該当する棚卸資産について、納税義務の免除を受けないこととなった場合等の棚卸資産に係る消費税額の調整（消法36）を受けたときは、調整をした課税期間から3年間、事業者免税点制度及び簡易課税制度の適用を受けることはできなくなった。

　当該改正は、平成28年度の税制改正では防ぎきれなかった租税回避スキームによる抜け道をふさぐ意味合いがあるものと考えられる。

上記の適用関係を図で示すと以下のとおりとなる。

○ **免税事業者であった期間に取得した高額特定資産に係る適用制限**

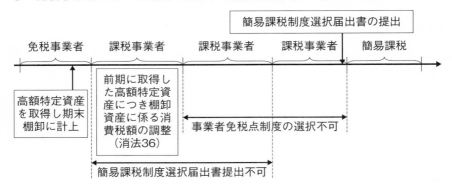

5 施行時期

1及び**2**については、令和2（2020）年10月1日以後の居住用賃貸建物の仕入れから適用される。ただし、同日以後の仕入れであっても、令和2年3月31日までに締結した契約に基づくものについては適用がない。

3については、令和2年4月1日以後の貸付けから適用される。

4については、令和2年4月1日以後に棚卸資産の調整の適用を受けた場合について適用される。

第 **4** 章

申告・納付関係の
判定誤り

1 消費税の申告及び納付

[1] 申告期限

消費税の確定申告であるが、個人事業者の場合は翌年の3月31日まで、法人の場合は課税期間末日の翌日から2か月以内が申告期限であり、かつ納期限である（消法45、49）。

[2] 申告期限の特例制度の創設

ただし、令和2年度の税制改正で、法人に係る消費税の申告期限の特例制度が創設された。

法人税については、確定決算主義に基づき、各事業年度の所得の額の計算は株主総会における承認等により確定した決算を基礎として行うが（法法74①）、上場企業等の場合には、通常の申告期限である決算日から2か月以内に決算が確定していないケースが珍しくないため、申告期限の延長（通常1か月）の制度が必要となるのである（法法75①、75の2①）。

一方で、同じ法人に対する申告・納税であっても、消費税の場合、その税額の算定は確定した決算を前提としていないため、法人税の場合のような申告期限の延長制度は不要であるとされてきた。

しかし、企業（特に上場企業）の実際の経理実務では、法人税と消費税の申告書作成業務は実質的に一体化しているにもかかわらず、申告期限の延長により決算日から3か月後に申告及び納付を行う法人税より前に、延長制度がないため消費税の申告及び納付を（決算日の2か月後に）行わざるを得ないという不合理かつ不効率な状況にあった（後掲 Case 4-1 「関西電力事件」参照）。

これは、消費税の申告・納付を一度行った後、法人の確定した決算により消

費税の税額計算の修正を迫られたため、消費税の修正申告や更正の請求を余儀なくされるという事態において特に顕著となる。そこで、企業サイドの意向を受けた経済産業省が要望し、今般ようやくその改正が実現したところである。

改正後の制度においては、法人税の申告期限の延長を行うことができる法人については、消費税の申告期限についても1か月延長できることとされた。

ただし、延長されるのは申告期限だけであり、納付期限は従来通りである（延長されない）ことに留意する必要がある。

ところで、上記に関連して、消費税には法人税や所得税のような青色申告の制度がない。これは、そもそも青色申告制度がシャウプ勧告により導入された制度であるため、勧告当時に存在しない消費税が対象外なのは当然といえば当然である。また、消費税は仕入税額控除の要件が帳簿及び請求書等の保存であるため、記帳及び帳簿書類の作成推進策としての青色申告制度は不要とも考えられる。

しかし、今後適格請求書等保存方式が導入され、現在免税事業者である中小零細事業者の多くが課税事業者に移行することが予想される中、そのような事業者の記帳水準を引き上げるという観点で、消費税においても青色申告制度のような優遇措置を導入するというのも検討の余地があるものと考えられる[1]。

[3] 中間申告

課税期間が3か月を超える課税事業者は、課税期間の開始の日以後1か月ごと等に区分した各期間の末日の翌日から原則として2か月以内に税務署長に中間申告書を提出し、その申告に係る消費税等を納付しなければならない（消法42、48）。

中間申告は次ページの区分に基づき行う。

また、中間申告書を提出すべき事業者は、上記の各中間申告対象期間を一課税期間とみなして、仮決算に基づく中間申告をすることができる（選択適用、

1　Case 4 - 2で検討する消費税における推計課税の可否とも関係してくるものと思われる。

○　中間申告の区分

直前の課税期間の確定税額	中間申告
年税額が48万円（61万5,300円）以下	不要（確定申告のみ）
年税額が48万円（61万5,300円）超400万円（512万8,200円）以下	中間申告1回（確定申告含め2回）
年税額が400万円（512万8,200円）超4,800万円（6,153万8,400円）以下	中間申告3回（確定申告含め4回）
年税額が4,800万円（6,153万8,400円）超	中間申告11回（確定申告含め12回）

（注）　カッコ内は地方消費税込の金額を示す。

消法43）。

　ただし、仮決算に基づく中間申告書を提出する場合には、控除不足額（還付額）が生じた場合であっても、その還付を受けることができない（消基通15-1-5）。

[4] 還付申告

　課税事業者であっても、その課税期間において、国内における課税資産の譲渡等がない場合や課税資産の譲渡等のすべてが（輸出）免税取引となる場合で、かつ、納付すべき消費税額がないときは確定申告を行う必要がない（確定申告義務の免除）。

　しかし、このような事業者であっても、仕入税額控除の結果控除不足額があり還付税額が生じる場合には、還付申告書を提出することで還付が受けられる（消法46、52）。

　なお、還付申告書を提出する事業者に対して、従来は「仕入税額控除に関する明細書」は任意提出であったが、平成23年度の税制改正で当該明細書に代わり新たに「消費税の還付申告に関する明細書」の添付が義務付けられた（消規22③）。

[5] 公益法人等に係る申告と納期限の特例

　消費税法別表第三に掲げる法人（公益法人等）については、法令によりその決算が会計年度の末日以後2か月以上経過した日と定められているケースがあるため、法令を遵守すると上記 **[1]** の申告期限までに申告することが困難な場合がある。

　そこで、法令によりその決算を完結する日が会計年度の末日以後2か月以上経過した日と定められている等一定の要件を満たす場合には、所轄税務署長の承認を受けることにより、消費税の申告期限及び納期限は課税期間の末日の翌日から6か月以内で税務署長が承認する期間内となる特例規定がある（消法60⑧、消令76②四）。

　なお、確定申告書の提出期限の特例の適用を受ける事業者については、確定申告書の区分に応じ、中間申告書についても特例が設けられている（消令76③）。

Case 4-1 消費税の申告期限の延長はあるのか

[1] 事例の説明

　これはかつてマスコミでも取り上げられた、上場企業の消費税申告書提出ミスの事案である（関西電力事件、大阪地裁平成17年9月16日判決・税資255号順号10134、TAINS Z255-10134、確定[2]）。

　すなわち本件は、原告の平成14年4月1日から平成15年3月31日までの課税期間の消費税及び地方消費税について、原告がその法定申告期限及び法定納期限である同年6月2日までに消費税等として総額247億7,850万9,700円の納付はしたものの、その申告書の提出をしていなかったとして、被告・課税庁が、同年9月30日付けで、国税通則法第66条第1項第1号及び同条第3項に基づいて、納付すべき消費税等の税額に5％を乗じて計算した12億3,892万5,000円の無申告加算税の賦課決定処分を行ったのに対し、原告が本件処分の取消しを求めた事案である。

　なお、上記無申告加算税5％は更正等を予知してされたものでない場合の軽減割合で、平成28年度の税制改正[3]により10％に引き上げられている（通法66①）。ただし、調査通知前の自発的申告のときには、無申告加算税が5％に軽減される（通法66⑥）。

2　2005年9月22日付け関西電力「プレスリリース：消費税納付に関する行政訴訟の控訴断念について」

3　平成23年12月の税制改正で、税務調査に際して事前通知を行うことが法令上義務化された後、事前通知後に多額の期限後申告又は修正申告を行う事案が発生したことへの対抗策と解されている。財務省編『平成28年度税制改正の解説』873頁。

[2] 本件の争点

■争点1：本件納付書の提出等を「瑕疵ある申告」とみなし、本件申告書の提出によって同瑕疵が治癒したものといえるか否か

■争点2：本件納付を予納として扱ったことにより、加算税を賦課する根拠がなくなったものといえるか否か

■争点3：本件について、国税通則法第66条第1項ただし書にいう「正当な理由」が認められるか否か

[3] 裁判所の判断

〈争点1について〉

「原告は、本件においては、本件納付書の提出と本件納付をもって「瑕疵ある申告」とみなすことができ、かつ、期限後申告書（本件申告書）の提出によって同瑕疵が治癒したものといい得るから、「無申告」には該当しない旨主張する。

しかしながら、そもそも、納税申告書は、申告納税方式による国税に関し国税に関する法律の規定により課税標準、課税標準から控除する金額及び納付すべき税額等の事項等を記載した申告書をいい（通則法2条6号）、その税務署長への提出によって納付すべき税額が原則として確定する法的効果を有するものである。これに対し納付書は、国税を納付する場合に、国税の納付の手続の履行を書面により明らかにするため、納付すべき税額に相当する金銭に添えて、日本銀行（国税の収納を行う代理店を含む。）又はその国税の収納を行う税務署の職員に提出する書面であって、年度、税目、納付の目的及び税額等が記載されるものであり、課税標準や課税標準から控除する金額等は記載されない。本件納付書も、税目として消費税及び地方消費税の、また、納期等の区分として、平成14年4月1日から平成15年3月31日までの期間（本件課税期間）に係る確定申告である旨の各記載がされるとともに、納付金額として、本税として本件3行分で合計247億7,850万9,700円を納付する旨の各記載がされた上、

収納機関としての本件３行に提出されたものであって、ア記載の消費税等に係る納税申告書に記載すべき事項である課税標準額や課税標準額に対する消費税額、これに対し控除されるべき消費税額の合計額とこれらを控除した残額に相当する消費税額、同額から中間納付額を控除した残額、あるいは、地方消費税に係る譲渡割額等の記載がされていないものである。

　このように、納税申告書と納付書とは、その機能及び法的効果が全く異なるものである。したがって、本件納付書をもって本件課税期間に係る消費税等の納税申告書とみることは到底できない（なお、原告自身、本件納付書をもって納税申告書に当たるものとまで主張するものではない。）。（下線部筆者）」

　「たとい本件課税期間に係る消費税等の全額に相当する金額が本件納付書を添えてその法定納期限までに収納機関に納付（本件納付）された上、法定申告期限のわずか11日後に本件申告書が提出されているとしても、法定申告期限内に提出すべきものとされている納税申告書と見ることはおよそできない本件納付書の提出及び本件納付書の提出を受けて予納として扱われたにすぎない本件納付をもって「瑕疵ある申告」とみなした上、法定申告期限後に本件申告書が提出されたことをもって上記「瑕疵」が治癒したものと解することは、上記説示のような申告納税方式により納付すべき税額が確定するものとされている国税等の納税手続における納税義務者による法定申告期限内の納税申告書の提出の重要性をないがしろにし、申告納税制度を定めた法の趣旨を没却するものというべきである。

　以上から、本件納付書の提出及び本件納付を「瑕疵ある申告」とし、期限後申告書（本件申告書）の提出によって同瑕疵が治癒したものとして、本件は「無申告」には該当しないとする原告の主張は理由がない。（下線部筆者）」

〈争点２について〉

　「原告は、期限後申告書（本件申告書）の提出によって予納時にさかのぼって本税に充当の取扱いがされているとして、期限後申告書の提出時には加算税の課税金額である通則法35条２項の規定により納付すべき消費税額（同法66条１項）は既に存しないことになる旨主張する。

しかしながら、（中略）、消費税等の申告納税方式により納付すべき税額が確定するものについては、納税申告書の提出によって納付すべき税額が確定する（同法2条6号、16条1項1号、17条1項）ものであり、納税申告書の提出なくしてされた本件納付は、いまだ本件課税期間に係る消費税等の税額も確定していない段階でされた納付にすぎず、同消費税等に係る租税債務を消滅させるものではない。このような納付は、不適法な納付として過誤納金となるべきところ、このような納付をすべて過誤納金として法定の還付又は充当処理をすることは、かえって納税者及び税務官署にとって煩瑣である場合があり、既に納付すべき税額が確定しその納期が到来していないだけの国税や、近い将来において納付すべき税額の確定することが確実な国税については、納税者が当該国税として納付する旨を申し出る限り、適法な納付として扱うのが合理的であることから、同法59条1項により、納付すべき税額の確定した国税で、その納期が到来していないもの（同項1号）、及び最近において納付すべき税額の確定することが確実であると認められる国税（同項2号）について、当該国税として納付する旨を税務署長に申し出て納付した金額については、「予納」として扱い、これを納付した者は、その還付を請求することができないものとされているのである（中略）。本件納付も、本件納付書の記載内容に照らして、原告において本件課税期間に係る消費税等として納付しようとするものであると認められたことから、被告は、同法59条1項2号の規定により、これを予納として扱ったものである。

　以上のとおり本件納付は予納として適法な納付とされたものの、（中略）、本件納付によりその時点で直ちに本件課税期間に係る消費税等の租税債務が消滅するものではなく、後に本件申告書が提出されたことにより本件課税期間に係る消費税等の納付すべき税額が確定され、その額が本件納付に係る金額と同額であったことから、その時点において被告により本件納付に係る金額の全額が上記確定された消費税等の税額に充当され、その結果、上記消費税等に係る租税債務が消滅するに至ったものというべきである。すなわち、国税の納付義務の確定に関する通則法の規定からすれば、被告による本件納付の上記消費税額

への充当は、本件申告書が提出され、本件課税期間に係る消費税等の納付すべき税額が確定した時点において、当該税額の確定した租税債務についてされたものと解するほかなく、また、その充当の効果についても、原告の主張のように、いまだ本件課税期間に係る消費税等の納税申告書の提出もなく、したがってその納付すべき税額も確定していない本件納付時点にさかのぼって、上記消費税等に係る租税債務が消滅したものと解することはできないというべきである。（下線部筆者）」

「原告は、通則法基本通達59条関係4によれば、国税の予納をした場合において、その国税に延滞金が課されるときは、その延滞金の終期は予納をした日とするとされていることを根拠に、本件納付日において本件納付額が本件課税期間に係る消費税等の税額に充当されたものといえる旨主張する。

しかしながら、通則法59条が予納を認めた趣旨は前提となる事実等（中略）のとおりであって、当該予納に係る納付を不適法な納付とし、過誤納金として還付等の処理をすることは、かえって納税者及び税務官署にとって煩瑣である場合があることから、一定の場合にこれを「予納」として扱い、当該納付に係る金員の還付請求をすることができないとしたものである。このように、予納として扱われた場合には、過誤納があったものとはみなされず（同条2項参照）、還付加算金（同法58条）が加算されることはない。通則法基本通達59条関係4は、このように予納として扱われた場合に還付加算金が加算されないこととの権衡を考慮して、予納がされた場合には、当該予納がされた日を当該予納に係る国税の延滞税の終期としたものと解されるのであって、上記通達の定めが、当該予納に係る国税が当該予納がされた日において当該予納額が当該国税に充当されることにより消滅することを前提としたものであると解することはできない。そうであるとすれば、上記通達の定めを根拠に本件納付日において本件納付額が本件課税期間に係る消費税等の税額に充当されたものと解すべきであるとする原告の前記主張は、採用することができない。（下線部筆者）」

「以上から、期限後申告書（本件申告書）の提出時には通則法35条2項の規定により納付すべき税額は存在せず、無申告加算税を賦課する余地はなかった

旨の原告の主張は、理由がない。(下線部筆者)」

〈争点3について〉

　「消費税等のように申告納税方式により納付すべき税額が確定するものとされている国税等については、納税義務者によって法定申告期限内に適正な申告が自主的にされることが納税義務の適正かつ円滑な履行に資し、税務行政の公正な運営を図る上での大前提となるのであり、納税申告書を法定申告期限内に提出することは、正に申告納税方式による国税等の納税手続の根幹を成す納税義務者の重要な行為であることから、このような納税申告書の期限内提出の重要性にかんがみて、通則法は、納付すべき税額の確定のための納税申告書の期限内提出という納税義務者に課された税法上の義務の不履行に対する一種の行政上の制裁として、納付すべき税額をその法定納期限までに完納すると否とにかかわりなく、無申告加算税を課すこととしているものと解される。

　これに対し、同法66条1項ただし書は、期限内申告書の提出がなかったことについて正当な理由があると認められる場合には、無申告加算税を課さない旨規定しているが、上記のような納税申告書を期限内に提出しなかった場合に無申告加算税を課すものとしている法の趣旨にかんがみれば、同項ただし書にいう「正当な理由」とは、期限内申告書の提出をしなかったことについて納税者の責めに帰すべき事由がなく、上記のような制裁を課すことが不当と評価されるような場合をいうものと解するのが相当である。

　これを本件についてみるに、原告は、本件課税期間の消費税等の法定申告期限及び法定納期限が平成15年6月2日であったことから、同日、本件3行に対し、本件納付書を添えて、本件納付書記載の金額合計247億7,850万9,700円を納付(本件納付)したものの、上記法定申告期限までに納税申告書の提出をしなかったものであり、同月12日に北税務署の職員が原告の従業員に対し、本件課税期間の消費税等に係る申告書の提出の確認を行ったところ、原告が同申告書の提出を失念していたことが判明し、原告は同月13日本件申告書を提出したものである(中略)。以上の事実経過に照らせば、原告が本件課税期間に係る消費税等についてその法定申告期限内に納税申告書(期限内申告書)を提出しな

かったのは、原告が同申告書の提出を失念していたということに尽きるのであって、これは納税者である原告の責めに帰すべき事由に基づくものにほかならず、このように失念して期限内に納税申告書を提出しなかった原告に対し行政制裁として無申告加算税を課すことは、前記法の趣旨に照らして何ら不当と評価されるものではない。

　この点、原告は、本件のように申告書及び納付書は作成され、それに基づく税額も法定納期限内に納付されたが、申告書の提出だけを失念したというような、申告意思の存在は明らかで、しかも既に徴税目的は達成されているようなケースに関しては、行政上の制裁として無申告加算税を賦課すべき正当性、必要性が全く存しないことは明白である旨主張する。

　しかしながら、これまで説示したような納付書と納税申告書との機能及び法的効果の差異、本件納付の性格、及び、申告納税方式により納付すべき税額が確定する税についての納税申告書の期限内提出の重要性等にかんがみれば、納税申告書の提出を失念し、これを法定申告期限内に提出しなかったこと自体が、申告納税方式による租税の納税手続の根幹を成す納税義務者の重要な義務の不履行といえるのであって、原告主張の諸点を考慮してもなお、このような原告の義務違反は行政制裁としての無申告加算税を賦課するに値するものというべきである。（下線部筆者）」

　「また、原告は、不納付加算税に関する通則法67条１項ただし書が規定する「正当な理由」に関する本件事務運営指針において、「偶発的納付遅延等によるものの特例」として、法定納期限の翌日から起算して１か月以内に納付され、かつ、その直前１年分について納付の遅延をしたことがないこと等一定の要件を満たしている場合には「正当な理由」があると認められる場合に該当するものとして取り扱うべき旨の運営指針が示されていることを挙げ、不納付加算税に関してこのような運用を妥当とする以上、無申告加算税に関しても同様の柔軟な考え方に立った運用が可能なはずであって、この両者の間に差異を設けることは、むしろ公平に反する取扱いといわなければならない旨主張する。」

　「しかしながら、本件事務運営指針は、源泉徴収による国税（源泉所得税）

がその法定納期限までに完納されなかった場合に関する通則法67条が定める不納付加算税に係る「正当な理由」についての事務運営指針であるところ、源泉徴収とは、租税を徴収するに当たって、徴税の便宜上、本来の納税義務者から直接国に納税させず、納税義務者に対して課税標準となるべき金銭等の支払を行う者（源泉徴収義務者）をして、その税金相当額を天引徴収させ、その徴収した金額を国に納付させる方式をいい、源泉所得税の納税義務は源泉徴収をすべきものとされている所得の支払のときに成立し（同法15条2項2号）、納税義務の成立と同時に特別の手続を要しないで納付すべき税額が確定する（同条3項2号。自動確定方式）のであって、消費税等のような申告納税方式による税（同法16条1項1号）とは納付すべき税額の確定の方式を異にするものである。」

「これに対し、（中略）で説示したような申告納税方式による国税において納税申告書を法定申告期限内に提出しない場合に無申告加算税を課すものとしている法の趣旨に照らせば、同法66条1項ただし書にいう「正当な理由」については、本件事務運営指針にいうような偶発的納付遅延等が期限内申告書の提出がなかったことについての「正当な理由」に当たるものと解することはできない。（下線部筆者）」

「さらに、原告は、通則法66条の定める無申告加算税が行政上の制裁の一種に属するところ、本件においては実質的違法性を欠くとし、また、罪刑均衡の原則ないし比例原則にも違背、抵触するなどと主張する。

しかしながら、納税申告書の提出を失念し、これを法定申告期限内に提出しなかったこと自体が、申告納税方式による租税の納税手続の根幹を成す納税義務者の重要な義務の不履行といえることは（中略）で説示したとおりであるから、たとい本件課税期間に係る消費税等の全額に相当する金額がその法定納期限までに収納機関に納付（本件納付）されているとしても、原告の上記義務違反が無申告加算税を定めた法の趣旨に照らして、実質的違法性を欠くということは到底できない。

また、本件処分に係る無申告加算税の額は12億3,892万5,000円であって、高

額であることは原告主張のとおりであるが、これは、原告が期限内申告書の提出を怠った本件課税期間に係る消費税等の税額が247億7,850万9,700円と高額であったことから、これに対し同条１項及び３項の規定に基づいて100分の５の割合を乗じて計算した無申告加算税の額も上記のとおり高額になったものにすぎず、上記100分の５の割合が原告の上記義務違反に比して重きに過ぎるということもできないから、罪刑均衡の原則ないし比例原則違背等をいう原告の主張も理由がない。（下線部筆者）」

「以上から、<u>本件について、通則法66条１項ただし書にいう「正当な理由」は認められない</u>。（下線部筆者）」

[4] 本裁判例から学ぶこと

本件において原告の主張（争点１〜３）は残念ながらことごとく裁判所から斥けられている。

裁判所は原告の（納付しているにもかかわらず申告書の提出は失念したという）「うっかりミス」に非常に厳しいが、これは原告が日本を代表する電力会社で、経理・税務のスタッフもそろっている故に、法令に従った手続きをキチンと踏むのは当然という点をも考慮しているものと思われる。

一方で、原告が本件を提起した社会的・租税政策的意義は意外に大きい。

すなわち、本件提訴を契機に、以下のような制度改正が行われているのである。

❶ 法定申告期限内に申告する意思があったと認められる場合の無申告加算税の不適用（旧通法66⑥）

期限後申告の提出があった場合において、その提出がその申告に係る国税についての調査があったことによりその国税について決定があるべきことを予知してされたものではなく、期限内申告書を提出する意思があったと認められる一定の場合に該当してされたものであり、かつ、当該期限後申告書の提出が法定申告期限から２週間を経過する日までに行われたものであるときは、無申告加算税は課されない。

これは平成18年度の税制改正で導入された措置である[4]。

❷ 無申告加算税の不適用制度に係る期限後申告書の提出期間の延長（通法66⑦）

　上記❶の導入後、無申告加算税の不適用制度の適用対象となる期限後申告書の提出期間について、財務省が調査したところ、期限内納付があった期限後申告件数（法人税）のうち2週間以内に期限後申告書が提出されたものは7割程度という状況であり、誠実な納税者に対する救済制度としては必ずしも十分でないとも考えられることを踏まえ、平成27年度税制改正で、法定申告期限から1月以内（改正前：2週間以内）に延長することとされた[5]。

　裁判の中には、ある意味「負け戦」を覚悟で、制度の不当性・矛盾等を社会に問う類のものも一定数存在する。

　本件も原告は、文理解釈上は課税庁の処分を覆すことは困難であっても、「期日までの納付税額を全額納めたのに無申告扱いとなるのは不当である」という主張を（マスコミ等を通じ）広く社会に訴え、たとえ裁判では主張が認められなくとも、制度改正を促す契機になると考えたのではないか。

　負け戦を覚悟の上での提訴は、中小零細企業には負担が重過ぎて、そうそうできるものではない。関西電力のようなその負担に耐えうる企業がそれを担ったということは、上記❶❷のようにその後の税制改正で多くの（軽率なところがあるかもしれないが）誠実な企業が救済される道が開かれたことから見ても、意義深いことであったと評価できよう。

4　財務省編『平成18年度改正税法のすべて』の671頁には、「近年、納付すべき税額は法定納期限内に全額納付していたにもかかわらず、申告書については、事務的な手違いで数日後に税務署に提出されるという事例が見受けられました。」という記述があるが、これは本件及び地価税に関する東京高裁平成11年9月29日判決・訟月47巻2号351頁を指すものと考えられる。金子宏『租税法（第二十三版）』（弘文堂・2019年）887-888頁参照。
5　財務省編『平成27年度税制改正の解説』919頁。

Case 4-2 消費税の税務調査において推計課税は可能か

［1］ 事例の説明

　推計課税とは、一般に、税務署長が所得税・法人税について更正・決定を行う際、直接的な証憑資料等によらず、各種の間接的な資料を用いて所得を認定する方法と解されており[6]、所得税法（所法156）及び法人税法（法法131）にはそれぞれ明文の規定がある。

　一方、消費税法には推計課税に関する明文の規定がない。このような消費税に関し、その課税標準額を推計の方法で算定することの可否が争われたのが本件である（大阪地裁平成14年3月1日判決・税資252号順号9081、ＴＡＩＮＳ Z252-9081、確定）。

　原告は、CD等の販売業及びCD等の管理・梱包業を営む者であり、CD等の販売業を大阪府河内長野市及び大阪府松原市において営み、CD等の管理・梱包業を大阪府東大阪市のＡ商事株式会社内の事務所（原告事務所）において営んでいる。

　被告・税務署長は、平成9年2月26日付けで、原告の平成5年分以降の所得税の青色申告承認取消処分をするとともに、同月27日付けで本件係争各年分の所得税の更正及び過少申告加算税の賦課決定、本件係争各課税期間の消費税の更正及び過少申告加算税の賦課決定を行った。

　このうち消費税に係る更正処分は、まず課税標準の算定に関し、CD等の販売業に係る消費税込みの売上金額については、実額で把握し得た金額に基づいて算出した売上原価の額に類似同業者の売上原価率の平均値を適用して推計する方法を採った。

　また、仕入税額については、消費税法第37条第1項による簡易課税制度の適用を受ける旨の届出を出しているところ、CD等の販売業及びCD等の管理・

6　金子前掲注4書960頁。

梱包業を営んでおり、消費税法施行令第57条第5項によれば、CD等の販売業は第2種事業に、CD等の管理・梱包業は第4種事業に該当するものの、同条第4項の「事業の種類ごとの区分をしていないものがある場合」に該当し、低いみなし仕入率が適用される第4種事業に係る仕入率100分の60を適用して算定している。

本事案については、推計による消費税更正処分の可否に絞って検討することとする。

[2] 本件の争点

法文上明文規定のない消費税において、推計課税を行うことは可能か。

[3] 裁判所の判断

「本件においては、原告の本件係争各年分の事業所得金額及び本件係争各課税期間の売上金額を実額で把握することができなかった事情が存するというべきであり、推計を行う必要性があったものと認められる。（下線部筆者）」

「なお、本件の消費税は、消費税法5条1項に基づき事業者に課される税であるが、同法には、所得税法156条のような推計課税をすることができる旨の規定はない。しかし、そもそも所得税法156条の推計課税は、課税標準を実額で把握することが困難な場合、税負担公平の観点から、実額課税の代替的手段として、合理的な推計の方法で課税標準を算定することを課税庁に許容した制度であり、かかる制度趣旨は消費税においても当てはまるのであるから、消費税法による課税においても推計課税をすることが許されるというべきである。（下線部筆者）」

「推計課税は、実額課税とは別に課税庁に所得の算定を許す行為規範を認めたものであって、真実の所得を事実上の推定によって認定するものではないから、その推計の結果は、真実の所得と合致している必要はなく、実額近似値で足りる。それ故、推計方法の合理性も、真実の所得を算定し得る最も合理的なものである必要はなく、実額近似値を求め得る程度の一応の合理性で足りると

解すべきである。（下線部筆者）」

「課税標準額は、（中略）のとおり合理性を有する推計あるいは実額により把握された金額をもとに算定したものであり合理性を有し、課税標準額に対する消費税額も法律にしたがったものであり、合理性を有する。（下線部筆者）」

「次に、仕入れに係る消費税額であるが、原告は、消費税法37条１項による中小事業者の仕入れに係る消費税額の控除の特則の適用を受ける旨の届出を出しており、その営むCD等の販売業は第２種事業に、CD等の管理・梱包業は第４種事業に該当するものである（消費税法施行令57条５項）。

しかるところ、被告は、原告が本件各課税期間について、原告は消費税法施行令57条４項の「事業の種類ごとの区分をしていないものがある場合」に該当するとして、低いみなし仕入率が適用される第４種事業に係る仕入率100分の60を適用したものである。」

「被告は、まず、「事業の種類ごとの区分をしていないものがある場合」とは、単に物理的に区分されていない場合だけでなく、税務職員の適法な税務調査において、何ら正当な理由なく帳簿書類を提示しないため、税務職員において区分をしていることが確認できなかった場合を含むと解されると主張するが、法文上納税者に被告の主張するような帳簿書類の提示の義務までも課したものと解釈することは困難である。したがって、「事業の種類ごとの区分をしていないものがある場合」とは申告当時に客観的に区分がなされていたか否かを判断すべきものである。」

「ところで、仕入れ税額控除の適用については、これを主張する納税者において主張立証すべき事項であると解される。そして、原告は、消費税法施行令57条２項及び３項の適用を主張するものと解されるが、その主張は、同条４項にいう課税資産の譲渡等についての「事業の種類ごとの区分」を当然の前提としているというべきであり、結局、課税資産の譲渡等についての事業種類ごとの区分も納税者において主張立証すべき事項であるということができる。」

「しかるところ、後述のとおり、CD等の販売業及びCD等の管理・梱包業の双方につき売上金額の実額の主張はこれを認めることができないものである

以上、ひいては結局、本件においては、課税資産の譲渡等について事業の種類ごとの区分をしているものとは認められず、消費税法施行令57条4項に従ってみなし仕入れ率100分の60を適用すべきこととなる。（下線部筆者）」

[4] 本裁判例から学ぶこと

　推計課税は、昭和25年に所得税法及び法人税法において初めて明文の規定が置かれたが、それ以前から課税庁において実施されてきた。

　裁判例では、所得税法に明文の規定が置かれる前の事案につき、最高裁（最高裁昭和39年11月13日判決・訟月11巻2号312頁、TAINS Z038-1333）は、「所得税法が、信頼しうる調査資料を欠くために実額調査のできない場合に、適当な合理的な推計の方法をもって所得額を算定することを禁止するものでないことは、納税義務者の所得を捕捉するのに十分な資料がないだけで課税を見合わせることの許されないことからいっても、当然の事理であり、このことは、昭和25年に至って同法46条の2（現行45条3項）に所得推計の規定が置かれてはじめて可能となったわけではない。」として、明文の規定がなくとも推計課税は可能である旨判示している。

　そのため、消費税法に明文の規定がないからといって、納税者側の調査拒否等により証憑書類の入手が容易ではないときには、課税庁は推計課税を行わざるを得ず、また、推計課税ができないということにはならないということになるのであろう。

　ただし、課税標準や仕入税額の算定の際、所得税や法人税と同じような証憑書類を必要とする消費税について、推計課税の規定がないというのは、租税政策上均衡を欠き、問題であるとも考えられる。

　推計課税は税務調査（質問検査権の行使）と密接な関係があることから、平成23年度の税制改正で質問検査権の規定が各税法から国税通則法に移行したことと合わせ、国税通則法に推計課税の規定を置くという立法措置も検討すべき時期に来ているものと考えられる[7]。

　なお、本件は簡易課税の事案であったため、仕入控除税額に係る推計課税は

問題とならなかったが、仮に原則課税の場合、仕入控除税額の推計は認められるのであろうか。

これについては、帳簿及び請求書の保存がない場合に、仕入税額の推計を課税庁に義務付けることは、請求権と考えられる仕入税額控除制度の法的性質になじまないとする学説がある[8]。

しかし、仕入税額控除が請求権であるかどうかは別として、消費税に関し課税標準の算定と仕入税額控除とを切り離して、課税標準の算定のみ推計し、仕入税額控除は推計の対象外とする（控除を一切認めない）とするのは、事業者の協力の上で成り立っている消費税制度の根幹を揺るがしかねない考え方であり、妥当とはいえないものと考えられる。

消費税に関しては、課税標準の算定と仕入税額控除とをセット（ないし対応関係）で考えるべきであり、課税標準を推計した場合には、仕入控除税額も推計すべきということになるだろう。

○　**消費税の推計課税**

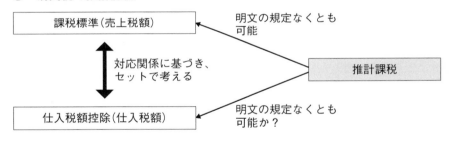

7　吉良実「消費税推計課税の必要性とその諾否」『税務弘報』37巻5号（中央経済社・1989年）10頁。
8　西山由美「消費税における推計課税の可否」『最新租税判例60』（日本税務研究センター・2009年）215頁。

索引

■著者紹介 ──────────────────────────────

安部 和彦 （あんべ・かずひこ）

税理士。和彩総合事務所代表社員。国際医療福祉大学大学院准教授。
東京大学卒業後、平成２年、国税庁入庁。調査査察部調査課、名古屋国税局調査
部、関東信越国税局資産税課、国税庁資産税課勤務を経て、外資系会計事務所へ移
り、平成18年に安部和彦税理士事務所・和彩総合事務所を開設、現在に至る。
医師・歯科医師向け税務アドバイス、相続税を含む資産税業務及び国際税務を主た
る業務分野としている。
平成23年４月、国際医療福祉大学大学院医療経営管理分野准教授に就任。
平成26年９月、一橋大学大学院国際企業戦略研究科経営法務専攻博士後期課程単位
修得退学
平成27年３月、博士（経営法）一橋大学

【主要著書】
『税務調査の指摘事例からみる法人税・所得税・消費税の売上をめぐる税務』（2011年）
『修正申告と更正の請求の対応と実務』（2013年）
『消費税［個別対応方式・一括比例配分方式］有利選択の実務』（2013年）
『国際課税における税務調査対策 Q&A』（2014年）
『Q&A 医療法人の事業承継ハンドブック』（2015年）
『Q&A でわかる消費税軽減税率のポイント』（2016年）
『要点スッキリ解説 固定資産税』（2016年）
『新版 税務調査事例からみる役員給与の実務 Q&A』（2016年）
『最新判例でつかむ固定資産税の実務』（2017年）
『［第三版］税務調査と質問検査権の法知識 Q&A』（2017年）
『新版 医療・福祉施設における消費税の実務』（2019年）
『消費税 軽減税率対応とインボイス制度 導入の実務』（2019年・以上、清文社）
『Q&A 相続税の申告・調査・手続相談事例集』（2011年）
『事例でわかる病医院の税務・経営 Q&A（第２版）』（2012年）
『医療現場で知っておきたい税法の基礎知識』（2012年・以上、税務経理協会）
『消費税の税務調査対策ケーススタディ』（2013年）
『相続税調査であわてない不動産評価の税務』（2015年）
『相続税調査であわてない「名義」財産の税務（第２版）』（2017年・以上、中央経済社）
『消費税の税率構造と仕入税額控除』（2015年・白桃書房）
【主要論文】
「わが国企業の海外事業展開とタックスヘイブン対策税制について」（『国際税務』2001
年12月号）
「タックスヘイブン対策税制の適用範囲─キャドバリー・シュウェップス事件の欧州
裁判所判決等を手かかりにして─」『税務弘報』（2007年10月号）など。
【ホームページ】https://wasai-consultants.com/

裁判例・裁決事例に学ぶ
消費税の判定誤りと実務対応

2020年6月10日　発行

著　者　　安部 和彦 ©

発行者　　小泉 定裕

発行所　　株式会社 清文社

東京都千代田区内神田1‑6‑6（MIFビル）
〒101‑0047　電話 03（6273）7946　FAX 03（3518）0299
大阪市北区天神橋2丁目北2‑6（大和南森町ビル）
〒530‑0041　電話 06（6135）4050　FAX 06（6135）4059
URL http://www.skattsei.co.jp/

印刷：藤原印刷㈱

ISBN978‑4‑433‑71720‑9